B1+−C1

Kontext
Deutsch als Fremdsprache

Grammatik

Tanja Sieber

Ernst Klett Sprachen
Stuttgart

Autorin Tanja Sieber
Projektleitung Angela Kilimann
Redaktion Annerose Remus
Herstellung Franziska Hofbauer
Layoutkonzeption Marion Köster und Katrin Kleinschrot, Stuttgart
Gestaltung und Satz Sara Hartig, Satz & mehr, Besigheim
Cover Ulrike Steffen
Zeichnungen Sylvia Neuner, München

Informationen und zu diesem Titel passende Produkte finden Sie auf www.klett-sprachen.de/kontext

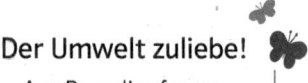

Der Umwelt zuliebe!
- Aus Recyclingfasern
- Leichtere Grammatur
- Keine Folie

1. Auflage   3 | 2025

Druck und Bindung: Elanders Waiblingen GmbH

ISBN 978-3-12-605354-9

INHALT

SATZ

VERB

Verben und Ergänzungen → B1+ K1 M3

Das Verb bestimmt, welche Ergänzungen in einem Satz stehen müssen und welchen Kasus sie haben.

Verb + **Nominativ**	Mona Valenti ist **Projektmanagerin**.
Verb + **Akkusativ**	Sie betreut **verschiedene Projekte**.
Verb + **Dativ**	Ihr gutes Team hilft **ihr** enorm.
Verb + **Dativ** + Akkusativ	Mona zeigt **ihrem Team** die aktuellen Projektpläne.
Verb + Präposition **mit Akkusativ**	Das Team diskutiert über **das Projekt**.
Verb + Präposition **mit Dativ**	Mona Valenti spricht mit **ihrem Chef**.

Position der Ergänzungen

Dativ vor Akkusativ	Hast du	**dem Chef**	eine Mail	geschickt?
	Hast du	**ihm**	eine Mail	geschickt?
Akkusativpronomen vor **Dativ**	Hast du	sie	**dem Chef**	geschickt?
	Hast du	sie	**ihm**	geschickt?

---

1 Lesen Sie den Bericht und ergänzen Sie die bestimmten und unbestimmten Artikel in der richtigen Form.

B1+

Helden des Alltags – Rettung in letzter Minute

Es ist (1) .... heißer Tag im Juli. Fallou K. und Tilas L. sind auf dem Weg zur Berufsschule, als (2) .... Unglück passiert. Sie warten gerade auf (3) .... nächste S-Bahn, als sie sehen, wie Maja B. über die Bahnsteigkante auf die Gleise fällt. Sie rennen sofort los, um (4) .... Mädchen zu hel-
5 fen. (5) .... junge Frau liegt blutend auf dem Gleis und bewegt sich nicht. Die beiden werfen (6) .... Blick auf die Anzeigetafel: (7) ....
10 nächste Zug kommt in fünf Minuten. Mutig springen (8) .... beiden jungen Männer auf (9) .... Gleise. Doch (10) .... Rettung gestaltet sich schwieriger als gedacht. Es gelingt (11) .... Männern zunächst nicht, (12) .... Verletzte in
15 Sicherheit zu bringen. (13) .... Bahnsteig ist einfach zu hoch. Erst als andere Wartende von oben helfen, schaffen sie es, (14) .... bewusstlose Mädchen nach oben zu ziehen – gerade noch rechtzeitig. Als (15) .... nächste S-Bahn schon
20 einfährt, kommt (16) .... verletzte Maja B. wieder zu sich. An (17) .... Geschehene kann sie sich bis heute nicht erinnern, aber sie ist (18) .... Rettern, die für sie (19) .... eigene Leben riskiert haben, unendlich dankbar. „Sie ha-
25 ben mich vor (20) .... sicheren Tod gerettet. Das werde ich nie vergessen!", sagt Maja B., die

sich noch nicht ganz von (21) .... Rettungsaktion erholt hat. Zum Dank hat sie (22) .... Helden (23) .... Restaurant-Gutschein geschenkt.
30 „Ich möchte, dass sich Fallou und Tilas (24) .... schönen Abend machen können." Daran, dass sich (25) .... Retter mit (26) .... Einsatz selbst in große Gefahr gebracht haben, haben Fallou und Tilas nicht gedacht. „Wenn man so (27) .... Vorfall beobachtet, muss man ein-
35 fach eingreifen. Schließlich kann das jedem passieren und dann möchte man ja auch, dass (28) .... Leute nicht wegsehen, sondern handeln.", so der 18-jährige Fallou K. und Tilas L. stimmt (29) .... Freund sofort zu. Die beiden
40 wollen jetzt sogar an (30) .... Erste-Hilfe-Kurs teilnehmen, um in Zukunft noch besser helfen zu können.

2 **Ein Unfall auf der Autobahn. Antworten Sie mithilfe von Pronomen.**

B1+

1. ● Kannst du dem Mann bitte den Verbandkasten bringen? ○ *Ich habe ihn ihm schon gebracht.*

2. ● Zeig dem Sanitäter bitte die Wunde. ○ ....

3. ● Erklär mir doch noch mal den Unfallhergang. ○ ....

4. ● Erzähl den Polizisten bitte die ganze Geschichte. ○ ....

5. ● Gib der Polizei am besten deine Adresse. ○ ....

Trennbare und untrennbare Verben → B1+ K3 M3 / C1 K8 M3

Präfix	Beispiele	Wortakzent
trennbar ab-, an-, auf-, aus-, bei-, dar-, ein-, fest-, fort-, her-, herum-, hin-, los-, mit-, nach-, rein-, teil-, vor-, vorbei-, weg-, weiter-, zu-	**ab**holen, **an**rufen, **auf**räumen, sich **aus**ruhen, **bei**bringen, **dar**stellen, **ein**kaufen, **fest**stellen, **fort**setzen, **her**kommen, **herum**fahren, **hin**fallen, **los**fahren, **mit**nehmen, **nach**denken, **rein**kommen, **teil**nehmen, **vor**stellen, **vorbei**kommen, **weg**fahren, **weiter**fahren, **zu**hören	Das Präfix wird betont.
untrennbar be-, emp-, ent-, er-, ge-, miss-, ver-, zer-	be**suchen**, emp**finden**, sich ent**scheiden**, er**zählen**, ge**fallen**, miss**fallen**, ver**missen**, zer**reißen**	Nicht das Präfix wird betont, sondern der Wortstamm.

	trennbare Verben Beispiel *einkaufen*	untrennbare Verben Beispiel *erzählen*
Aussage	Ich **kaufe** oft in anderen Städten **ein**.	Ich **erzähle** dir gern von meiner Reise.
Imperativ	**Kauf** bitte alles **ein**!	**Erzähl** doch mal!
zu + Infinitiv	Vergiss nicht, **einzukaufen**!	Hast du Zeit, mir alles **zu erzählen**?
Nebensatz	Denk dran, dass du heute **einkaufst**.	Du hast versprochen, dass du uns alles **erzählst**.
Perfekt	Hast du **eingekauft**?	Ich habe von der Reise **erzählt**.
Präteritum	Früher **kaufte** sie am Flughafen **ein**.	Sie **erzählte** von ihrem Heimweh.

Verben mit den Präfixen *durch-, über-, um-, unter-, wieder-* und *wider-* können trennbar oder untrennbar sein. Die Betonung in den Infinitiven ist unterschiedlich, je nachdem, ob das Verb trennbar ist oder nicht.
· Präfix betont → Verb trennbar (<u>unter</u>|ordnen)
· Präfix nicht betont → Verb untrennbar (unter<u>schrei</u>ben)

Manche Verben mit diesen Präfixen sind trennbar <u>und</u> untrennbar. Die Bedeutung der Verben ist meist unterschiedlich.
· <u>unter</u>stellen: Stell doch deine Kartons bis zum Umzug bei mir <u>unter</u>.
· unter<u>stel</u>len: Du unter<u>stellst</u> mir, dass ich lüge. Aber das stimmt nicht.

	nur trennbar	nur untrennbar	trennbar und untrennbar
durch-	durchfallen, durchführen, durchhalten, durchkommen, durchmachen, durchsehen	durchleben, durchqueren	durchbrechen, durchdenken, durchdringen, durchfahren, durchlaufen, durchschauen, durchsetzen

über-	überkochen, überlaufen	(sich) überarbeiten, überdenken, überfliegen, überfordern, übergeben, übernehmen, überprüfen, überraschen, übertreiben	übergehen, übersetzen, übersiedeln, überstehen, übertreten, überziehen
um-	umdenken, umfallen, umkehren, umsteigen, umtauschen, umziehen	umarmen, umfliegen, umgeben, umkreisen, umzäunen	umbauen, umfahren, umgehen, umstellen, umschreiben
unter-	unterbringen, untergehen, unterordnen	unterbrechen, unterdrücken, unterhalten, unterschätzen, unterscheiden, unterschreiben	unterstellen, unterziehen
wider-	widerhallen, widerspiegeln	widersetzen, widersprechen, widerstehen	
wieder-	wiederfinden, wiederkommen, wiedersehen		wiederholen

3 Alltag. Ergänzen Sie die Verben in der richtigen Form.

B1+

1. ● Wann _beginnt_ denn das Meeting ⎯⎯⎯? (beginnen)

   ○ Pia hat gesagt, dass es um 13 Uhr .... (anfangen)

2. ● Ich muss heute länger arbeiten. .... bitte Lia vom Kindergarten ....! (abholen)

   ○ Okay, dann .... ich danach gleich beim Supermarkt .... (vorbeifahren)

3. ● Ich habe versucht, diesen Sessel .... (verkaufen), aber niemand will ihn.

   ○ Ich schon! Ich .... ihn gleich .... , okay? (mitnehmen)

4. ● Was machen wir? .... dich bitte jetzt! (entscheiden)

   ○ Das Problem ist, dass mir alle Optionen .... (gefallen)

5. ● Wann .... ihr in Wien ....? (ankommen)

   ○ So gegen 12. Wir haben vor, hier um 8 Uhr .... (losfahren)

4 Wie war dein Tag? Formulieren Sie Sätze im Perfekt.

B1+

Mein Tag war total anstrengend: Ich habe die Wohnung aufgeräumt. ...

To-do-Liste
1. _Wohnung aufräumen_
2. _Druckerpatronen bestellen_
3. _im Supermarkt einkaufen_
4. _die alten Kartons zerreißen_
5. _Oma anrufen_
6. _Plastikmüll entsorgen_
7. _Glasflaschen wegbringen_
8. _Text für Uni verbessern_

5 Die Umstrukturierung. Sind die Verben trennbar oder untrennbar? Bilden Sie Sätze im Präsens.

C1

1. das Land / gerade / durchleben / eine Wirtschaftskrise
2. die schlechten Verkaufszahlen / widerspiegeln / die Wirtschaftskrise
3. unsere Firma / deshalb / durchführen / eine Umstrukturierung
4. wir / umbauen / die ganze Firmenstruktur
5. die Chefin / unterschreiben / einige Kündigungen
6. durch den Stress / die Bedürfnisse der Mitarbeitenden / untergehen
7. die Firma / wiederholen / solche Umstrukturierungen / regelmäßig

Reflexive Verben → B1+ K6 M1

	Reflexivpronomen	
	Akkusativ	**Dativ**
ich	mich	mir
du	dich	dir
er / es / sie	sich	
wir	uns	
ihr	euch	
sie / Sie	sich	

immer reflexiv und mit Reflexivpronomen
sich entschließen zu, sich verhalten, sich beschweren über, sich wundern über …
· Manchmal wundere ich mich über meine Freunde.

entweder reflexiv oder mit Akkusativergänzung
sich verstehen, sich ärgern, sich treffen, …
· Manchmal versteht man sich mit einem Freund besonders gut.
· Ich verstehe meinen Freund gut.

Reflexivpronomen normalerweise im Akkusativ. Wenn Akkusativergänzung im Satz → Reflexivpronomen im Dativ
sich anziehen, sich waschen, sich kämmen …
· Ich ziehe mich an.
· Ich ziehe mir eine Jacke an.

Reflexivpronomen immer im Dativ und mit Akkusativergänzung
sich etwas wünschen, sich etwas merken, sich etwas vorstellen, sich etwas denken …
· Ich wünsche mir viel Zeit mit meinen Freunden.

---

6 **So viele Befehle am Morgen! Welches Reflexivpronomen passt? Markieren Sie.**

B1+

1. Zuerst gehst du ins Bad und wäschst *dich / dir*.

4. Kämm *dich / dir* auch!

2. Putz *dich / dir* auch gleich die Zähne.

5. Und dann zieh *dich / dir* an.

6. Zieh *dich / dir* am besten den neuen Pulli an.

3. Und vergiss nicht, *dich / dir* das Gesicht einzucremen.

7. Wie soll ich *mich / mir* das alles merken?

---

7 **Eine große Liebe. Ergänzen Sie die Reflexivpronomen.**

B1+

Klaas und ich haben (1) .... vor ein paar Jahren während des Studiums kennengelernt. Wir haben

(2) .... sofort super verstanden. Er ist mein bester Freund und ich kann (3) .... einfach immer

auf ihn verlassen. Verliebt hat er (4) .... nicht sofort in mich, das kam erst, nachdem wir (5) ....

ein paar Mal verabredet hatten. Mir ging es genauso. Mittlerweile sind wir verheiratet und sehr glücklich.

Natürlich streiten wir (6) .... manchmal, aber wir versöhnen (7) .... auch schnell wieder. Klaas

kümmert (8) .... genauso viel wie ich um unsere Tochter. Auch den Haushalt teilen wir (9) ....

gerecht auf. Ich kann (10) .... gar nicht vorstellen, dass wir (11) .... jemals trennen. Im Moment

fühle ich (12) .... einfach sehr wohl und wünsche (13) ...., dass alles so bleibt, wie es ist.

Verben mit Präpositionen → B1+ K8 M3

Viele Verben stehen mit einer oder mehreren Präpositionen. Bei Verben mit Präpositionen bestimmt die Präposition den Kasus der Ergänzungen.

Verb + Präposition mit Dativ	Verb + Präposition mit Akkusativ	Verb + Präposition mit Dativ oder Akkusativ
aus, bei, mit, nach, von, zu, unter, vor, zwischen	für, gegen, um, über	an, auf, in
bestehen aus, sich bedanken bei, anfangen mit, fragen nach, handeln von, überreden zu, verstehen unter, warnen vor, unterscheiden zwischen …	sich entscheiden für, kämpfen gegen, sich bemühen um, sich ärgern über …	arbeiten an (+ Dat.), denken an (+ Akk.), basieren auf (+ Dat.), achten auf (+ Akk.), sich irren in (+ Dat.), sich verlieben in (+ Akk.) …

Manche Verben können auch mehrere Präpositionen haben:
· Die Sportlerinnen sprechen **mit** dem Trainer **über** den Wettkampf.
· Die Siegerin bedankt sich **bei** ihrem Trainer **für** die Unterstützung.

8 **Tipps für den ersten Tag im neuen Job. Welche Präposition passt? Kreuzen Sie an.**

B1+

Sie haben sich ____1____ eine neue Stelle beworben und sie auch bekommen? Glückwunsch! Aber Sie sind auch nervös, weil Sie die Kollegen und Kolleginnen und Abläufe noch nicht kennen, aber gleich einen positiven Eindruck machen
5 wollen? Zuallererst sollten Sie sich ____2____ die neue Herausforderung freuen. Wichtig ist auch, dass Sie nicht immer alles ____3____ Ihrem vorherigen Arbeitgeber vergleichen.
10 Die ersten Tage sind immer etwas schwierig. Damit Sie einen guten Start haben, sollten Sie ____4____ einen entspannten Arbeitsweg sorgen und pünktlich vor Ort sein. Achten Sie am Anfang ____5____ eher zurückhaltende Kleidung. Denken
15 Sie auch ____6____ ein Notizbuch oder ein Tablet, sodass Sie sich alle Informationen notieren können: Namen, Positionen, Aufgaben, Anmerkungen. Besonders am Anfang ist es wichtig, freundlich auf andere zuzugehen. Stellen Sie sich vor, aber
20 sprechen Sie nicht zu viel ____7____ sich selbst.

Unterhalten Sie sich ____8____ so vielen Kollegen und Kolleginnen aus Ihrer Abteilung wie möglich: Wechseln Sie dabei ein paar nette Worte, aber halten Sie die anderen nicht unnötig ____9____
25 der Arbeit ab. Schließen Sie sich an, wenn das Team gemeinsam zum Mittagessen geht. So zeigen Sie, dass Sie sich ____10____ Ihre neuen Kollegen und Kolleginnen interessieren. Bleiben Sie zunächst beim Small Talk. Beteiligen Sie sich auf
30 keinen Fall ____11____ Gesprächen, in denen ____12____ jemanden aus der Firma schlecht geredet wird. Beobachten Sie die sozialen Strukturen und halten Sie sich in den ersten Wochen und Monaten mit Kritik an Abläufen oder Organisation zurück.
35 Wenn Sie aber in Ihren neuen Aufgaben unsicher sind, wenden Sie sich zügig ____13____ Ihre Vorgesetzten oder die Kollegen und Kolleginnen. Diese werden Sie sicherlich gern ____14____ Ihrem Start unterstützen und Sie genauestens ____15____ alles
40 informieren.

1.	a an	4.	a auf	7.	a für	10.	a in	13.	a an
	b auf		b für		b mit		b für		b in
	c bei		c mit		c über		c um		c zu
2.	a auf	5.	a auf	8.	a bei	11.	a an	14.	a bei
	b für		b an		b mit		b über		b mit
	c um		c über		c von		c zu		c von
3.	a bei	6.	a an	9.	a mit	12.	a auf	15.	a für
	b mit		b für		b über		b über		b über
	c von		c über		c von		c um		c von

Präpositionaladverbien und Fragewörter → B1+ K8 M3

Sachen und Ereignisse	Personen und Institutionen
wo(r)- + Präposition ● Woran denkst du? ○ An meine Arbeit.	**Präposition + Fragewort** ● An wen denkst du? ○ An meine Kollegin.
da(r)- + Präposition ● Woran denkst du? ○ Ich denke daran, was ich noch erledigen muss.	**Präposition + Pronomen** ● Warum denkst du an deine Kollegin? ○ Ich denke an sie, weil sie schon so lange krank ist.

Nach *wo …* und *da …* wird ein *r* eingefügt, wenn die Präposition mit einem Vokal beginnt:
· auf → wor**auf** / dar**auf**
da(r)-… steht auch vor Nebensätzen (dass-Sätze, Infinitiv mit *zu*, indirekter Fragesatz …):
· Ich denke darüber nach, mir eine neue Stelle zu suchen.

9 **Hier ist es so laut! Lesen Sie die Aussagen und formulieren Sie die Fragen.**

B1+
1. ● Ich habe mich so über Max geärgert. ○ *Über wen?*
2. ● Er spricht immer nur über seinen Job. ○ ....
3. ● Nie denkt er an unsere Zukunft. ○ ....
4. ● Und letzte Woche hat er sich mit Marie getroffen. ○ ....
5. ● Er interessiert sich überhaupt nicht für meine Probleme. ○ ....
6. ● Ich sollte wohl einfach nicht so viel von ihm erwarten. ○ ....
7. ● Oder ich trenne mich von meinen Vorstellungen. ○ ....

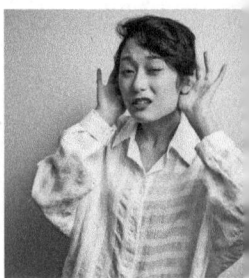

Über Vergangenes berichten: Tempusformen → B1+ K1 M1

Präteritum	Perfekt	Plusquamperfekt
Verwendung von Ereignissen schriftlich berichten, z. B. in Zeitungsartikeln und Romanen bei Hilfs- und Modalverben	**Verwendung** von Ereignissen mündlich oder schriftlich berichten, z. B. in Gesprächen, E-Mails, Briefen	**Verwendung** von Ereignissen berichten, die vor einem anderen Ereignis in der Vergangenheit passiert sind
Bildung <u>regelmäßige Verben</u> Verbstamm + **-t-** + Endung (z. B. *machen – sie mach**te**,* *fragen – sie frag**te**)* <u>unregelmäßige Verben</u> Präteritumstamm + Endung (z. B. *gehen – er ging,* *kommen – sie kam)* keine Endung bei 1. und 3. Person Singular	**Bildung** *haben / sein* im Präsens + Partizip II (z. B. *er hat gearbeitet,* *sie ist gelaufen)*	**Bildung** *haben / sein* im Präteritum + Partizip II (z. B. *er hatte gearbeitet,* *sie war gelaufen)*

Bildung Partizip II		
<u>regelmäßige Verben</u>		
ohne Präfix:	machen – **ge**mach**t**	
trennbares Verb:	einkaufen – ein**ge**kauf**t**	
untrennbares Verb:	erzählen – erzähl**t**	
Verben auf *-ieren*:	programmieren – programmier**t**	
<u>unregelmäßige Verben</u>		
ohne Präfix:	gießen – **ge**goss**en**	
trennbares Verb:	aufgeben – auf**ge**geb**en**	
untrennbares Verb:	verstehen – verstand**en**	

ACHTUNG: kennen – k**annte** – hat gek**annt**   bringen – br**achte** – hat gebr**acht**
denken – d**achte** – hat ged**acht**   wissen – w**usste** – hat gew**usst**
mögen – m**ochte** – hat gem**ocht**

10 Ergänzen Sie im Interview zum Thema „Traumberuf" die Verben im Perfekt.

B1+

Maja, du (1) .... **deinen Traumberuf** .... (finden)**. Wie (2)** .... **du auf die Idee** .... (kommen), **Diplomatin zu werden?**

» Ich (3) .... zuerst zwei Semester Politikwissenschaft .... (studieren). Dann (4) .... ich eher zufällig von der Ausbildung im Auswärtigen Amt .... (erfahren). Ich (5) .... mich ein bisschen .... (sich informieren) und das (6) .... alles sehr interessant .... (klingen). Deshalb (7) .... ich mich .... (sich entschließen), mein Studium abzubrechen, und (8) .... mich dort um einen Ausbildungsplatz .... (sich bewerben).

Das Auswahlverfahren ist ja gar nicht so einfach. Wie (9) .... **du dich darauf** .... (sich vorbereiten)**?**

» Ich (10) .... (versuchen), mein Allgemeinwissen aufzufrischen und meine Sprachkenntnisse zu verbessern.

(11) .... **dir die Vorbereitung bei dem Test** .... (helfen)**?**

» Eher wenig. Die psychologischen Tests (12) .... im Vordergrund .... (stehen) und auf diese kann man sich ja nicht so gut vorbereiten.

Was ist das Besondere an diesem Beruf?

» Na ja, ich (13) .... in den letzten Jahren schon dreimal .... (umziehen) und (14) .... viele verschiedene Länder und Kulturen .... (kennenlernen). Das ist wirklich spannend!

11 Formulieren Sie die Aussage von Katja Huber in eine Biografie um. Markieren Sie zuerst alle

B1+ Perfektformen und ersetzen Sie diese dann durch das Präteritum.

Katja Huber

Ich <u>bin</u> 1999 in Garmisch zur Welt <u>gekommen</u>. Bereits im Alter von drei Jahren habe ich zum ersten Mal auf Skiern gestanden. Mit fünf Jahren bin ich meine ersten Rennen gefahren. Mit zehn Jahren bin ich in ein auf Wintersport spezialisiertes Internat gegangen. Am Vormittag habe ich in der Schule gelernt und am Nachmittag habe ich mehrere Stunden trainiert. Im Lauf der nächsten Jahre habe ich viele wichtige Rennen und Meisterschaften gewonnen. Mit 19 Jahren habe ich mein Abitur gemacht und danach habe ich mich komplett auf den Sport konzentriert. 2018 habe ich mich auf die Olympischen Winterspiele vorbereitet, aber dabei habe ich mich schwer am Knie verletzt und habe dann leider nicht daran teilgenommen. Nach einigen Operationen habe ich mich entschieden, den professionellen Skisport aufzugeben. Heute besitze ich eine kleine Skischule mitten in den Alpen und bin auch ohne Medaillen glücklich.

Katja Huber kam 1999 in Garmisch zur Welt. ...

12 Was war zuerst passiert? Formulieren Sie die Sätze im Präteritum und Plusquamperfekt.

B1+ 1. es / klingeln / an der Tür – nachdem / Pietro / gerade / aufstehen
2. der Postbote / bringen / einen Brief – auf den / er / schon lange / warten
3. er / sich bewerben auf / eine interessante Stelle in Berlin – und das / müssen sein / der Arbeitsvertrag
4. er / wollen leben / wieder in der Stadt – wo / er / studieren
5. nachdem / er / sich anziehen – er / anrufen / seine Familie
6. alle / freuen sich / für ihn – obwohl / er / sagen / niemandem / etwas

13 **Perfekt, Präteritum und Plusquamperfekt. Ergänzen Sie die Verben in der Biografie von Sinan Yilmaz.**

B1+

abschließen • beginnen • bekommen • beschließen • bestehen • besuchen •
bewerben • erfüllen • eröffnen • fühlen • genießen • machen • promovieren •
reisen • sein • studieren • werden • zeigen • zurückkehren

Sinan Yilmaz (1) .... 1996 in Hamburg geboren.

Er (2) .... bereits als Kind ein ausgeprägtes Interesse

für Technik und Maschinen. Als er später das Gymnasium

(3) .... , (4) .... er vor allem in den

Naturwissenschaften gute Noten. Nach dem Abitur (5) ....

er ein Ingenieurstudium. Nachdem er zwei Jahre an der Hamburger

Universität (6) .... , (7) ....

er sich um ein Stipendium an einer berühmten amerikanischen Uni.

In den USA (8) .... er sein Studium .... und

(9) .... anschließend. „Mit dem Studium in den USA

(10) .... ich mir einen großen Traum ....

Die Zeit dort (11) .... ich sehr .... und ich (12) .... dort viel durchs

Land ....“ Nach fünf Jahren (13) .... er nach Deutschland .... ,

wo er schnell Karriere in einem großen Unternehmen (14) .... Nachdem Sinans Leben in den

folgenden Jahren fast nur aus Arbeit (15) .... , (16) .... er sich

irgendwann so erschöpft, dass er (17) .... , etwas Neues auszuprobieren. „Nach einigen

erfolgreichen Jahren (18) .... ich mit einem Freund ein kleines Restaurant ....

Das (19) .... am Anfang sehr stressig, aber jetzt macht es mir viel Spaß. Aber wer weiß,

vielleicht mache ich in ein paar Jahren wieder etwas ganz anderes.“

Über Zukünftiges sprechen: Futur I und Futur II → **B1+ K9** M1 / **B2 K12** M1 / **C1 K12** M1

Futur I: *werden* (im Präsens) + Infinitiv
· Ich werde heute länger arbeiten.

Mit Futur I spricht man oft über Pläne. Außerdem verwendet man es häufig in Nachrichten,
Ratgebern oder Verträgen.
Statt Futur I verwendet man auch oft das Präsens mit Zeitangabe.
· Ich arbeite morgen auch länger.

Futur II: *werden* + Partizip II + *haben/sein*
· Nächste Woche werde ich das Projekt abgeschlossen haben.
· Die Dokumente werden dann beim Kunden angekommen sein.

Mit Futur II kann man ausdrücken, dass etwas zu einem Zeitpunkt in der Zukunft abgeschlossen
sein wird.
Statt Futur II verwendet man auch oft das Perfekt mit Zeitangabe.
· Wenn ich das Projekt nächste Woche abgeschlossen habe, mache ich erst mal Urlaub.

14 Pläne für das nächste Jahr. Was sagen die Personen? Schreiben Sie Sätze im Futur I.

B1+

Annalena

- nach dem Studium ins Ausland gehen
- einen interessanten Job finden
- sich einen Hund anschaffen

Ich werde nach dem Studium ins Ausland gehen.

- in eine andere Stadt umziehen
- eine Ausbildung machen
- eine neue Sprache lernen

Basir

- viel Zeit miteinander verbringen
- eine größere Wohnung suchen
- heiraten

Luca und Elisa

15 So wird es sein! Ergänzen Sie die Sätze mit Futur II.

B2

1. ● Nächstes Jahr um diese Zeit ...*werde*... ich meine Ausbildung ...*beendet haben*... . (beenden)

   ○ Cool! Und was wirst du dann machen? Hast du schon Pläne?

2. ● Die Kinder sind so müde. In spätestens einer Stunde .... sie .... (einschlafen)

   ○ Super, dann können wir ja einen Film sehen.

3. ● Immer nur lernen, lernen, lernen. Ich habe echt keine Lust mehr!

   ○ Ach komm, im Juni .... du alle Prüfungen .... (schreiben) und dann hast du auch wieder mehr Zeit.

4. ● In ein paar Jahren .... dieses Haus komplett .... (zerfallen).

   ○ Nein, nein, das soll jetzt renoviert werden.

5. ● Ich habe so einen Hunger! Ich muss unbedingt bald etwas essen.

   ○ Dann lass uns nach Hause gehen. Sarah und Toni .... wie immer schon .... (kochen)

6. ● Ich habe gleich einen Termin beim Zahnarzt und habe ein bisschen Angst.

   ○ Ach, denk dran: In zwei Stunden .... du die Praxis schon wieder .... (verlassen) und alles ist gut.

Modalverben und Alternativen → B1+ K2 M3

Modalverb	Bedeutung	Alternativen (fast immer mit *zu* + Infinitiv)
dürfen	Erlaubnis	es ist gestattet / erlaubt – die Erlaubnis / das Recht haben • Jeder hat das Recht, seinen Wunschberuf zu erlernen.
nicht dürfen	Verbot	es ist verboten – es ist nicht gestattet / erlaubt – keine Erlaubnis haben • Profisportlern ist es nicht erlaubt, ihr Training ohne Grund zu verpassen.
können	a) Möglichkeit	die Möglichkeit / Gelegenheit haben – es ist möglich • Es ist möglich, ein Handwerk unabhängig von Talent zu erlernen.
	b) Fähigkeit	die Fähigkeit haben / besitzen – in der Lage sein • Jede/r ist in der Lage, etwas Neues zu lernen.
möchten	Wunsch, Lust	Lust haben – den Wunsch haben • Ich habe schon lange den Wunsch, gut Geige zu spielen.
wollen	eigener Wille, Absicht	die Absicht haben – beabsichtigen – vorhaben • Viele Menschen haben vor, ein Instrument zu lernen.
müssen	Notwendigkeit	es ist notwendig – es ist erforderlich – verpflichtet sein • Ohne Talent ist es notwendig, fleißig zu lernen und zu üben.
sollen	Forderung	den Auftrag / die Aufgabe haben – erwarten • Man erwartet von Profisportlern, dass sie regelmäßig trainieren.

MERKE: **es** ist notwendig = **man** muss   **es** ist verboten = **man** darf nicht
              es ist erlaubt = **man** darf   **es** ist möglich = **man** kann

---

16 **Schule. Ergänzen Sie die Modalverben.**

B1+

Die Schule ist ganz okay. Natürlich (1) .... ich oft in meiner Freizeit lernen und (2) .... nicht immer Fußball oder Computer spielen, wann ich (3) .... Unsere Rektorin ist ziemlich streng, wir (4) .... unsere Handys auf dem Schulgelände nicht anschalten. Die meisten Lehrer und Lehrerinnen sind ganz cool, man (5) .... auch mal Witze machen, ohne dass es gleich Ärger gibt. Was ich nach dem Abitur machen (6) ...., weiß ich jetzt noch nicht. Meine Eltern sagen, dass ich studieren (7) .... Aber ich habe ja noch genug Zeit, bis ich mich entscheiden (8) ....

---

17 **Regeln im Sprachkurs. Wählen Sie die passende Alternative und formulieren Sie die Sätze um.**

B1+

beabsichtigen • den Wunsch haben • ~~erforderlich sein~~ • in der Lage sein • nicht gestattet sein • verpflichtet sein

Informationen zum Sprachkurs

1. Vor Beginn des Kurses müssen Sie einen Einstufungstest machen.
2. Alle Teilnehmenden müssen regelmäßig die Hausaufgaben machen.
3. Teilen Sie uns frühzeitig mit, wenn Sie am Kursende eine Prüfung absolvieren wollen.
4. Wenn Sie mit einem/einer Tandem-Partner/in üben möchten, hilft Ihnen unser Büro gern weiter.
5. Wenn Sie aus Krankheits- oder anderen Gründen nicht zum Kurs kommen können, geben Sie bitte im Büro Bescheid.
6. Im gesamten Gebäude darf nicht geraucht werden.

1. Vor Beginn des Kurses ist es erforderlich, einen Einstufungstest zu machen.

Alternativen für Modalverben: Modalitätsverben → C1 K5 M1

sein + zu + Infinitiv Alle Beschäftigten sind nach den Vorschriften des Arbeitsgesetzes zu behandeln. Wenn ein Arbeitnehmer einen Dienstrechner privat nutzt, sind die Folgen nicht zu unterschätzen.	Bedeutung je nach Kontext: Passiv mit Modalverb: müssen können sollen nicht dürfen (Verbot)
sich lassen + Infinitiv So einfach lässt sich die Frage nicht beantworten.	Passiv mit Modalverb: können
haben + zu + Infinitiv Alle haben dafür zu sorgen, dass sie die Gesetze einhalten. Den Kündigungsschutz haben die Unternehmen nicht zu ignorieren.	Bedeutung je nach Kontext: müssen dürfen
nicht / kein brauchen + zu + Infinitiv Wer krank ist, braucht keine Angst vor einer Kündigung zu haben.	nicht müssen
brauchen + nur / bloß + Infinitiv Man braucht sich nur an den Betriebsrat zu wenden.	müssen
verstehen / wissen + zu + Infinitiv Viele Gewerkschaften wissen die Interessen der Arbeitnehmer durchzusetzen.	können

Modalitätsverben und Passiv

sein + zu + Infinitiv und *sich lassen* + Infinitiv sind Ersatzformen für Passivsätze mit Modalverben.
Die Frage lässt sich nicht leicht beantworten. / Die Frage kann nicht leicht beantwortet werden.

---

18 **In der Schule. Welche Sätze haben die gleiche Bedeutung? Verbinden Sie.**

C1

1. Die Hausaufgaben sind zu machen.

   A Die Hausaufgaben müssen gemacht werden.
   B Die Hausaufgaben dürfen gemacht werden.

2. Du brauchst mir nicht zu helfen.

   A Du kannst mir nicht helfen.
   B Du musst mir nicht helfen.

3. Wir haben die Fragen zu beantworten.

   A Wir können die Fragen beantworten.
   B Wir müssen die Fragen beantworten.

4. Die Lehrkraft versteht den Stoff gut zu vermitteln.

   A Sie kann den Stoff gut vermitteln.
   B Sie muss den Stoff gut vermitteln.

5. Diese Aufgabe lässt sich schnell lösen.

   A Die Aufgabe muss schnell gelöst werden.
   B Die Aufgabe kann schnell gelöst werden.

6. Viele Lehrkräfte wissen zu motivieren.

   A Sie müssen motivieren.
   B Sie können motivieren.

7. Das Sommerfest ist nicht zu verschieben.

   A Das Sommerfest kann nicht verschoben werden.
   B Das Sommerfest muss nicht verschoben werden.

19 **Stress in der Arbeit. Formulieren Sie die Sätze mithilfe der Modalitätsverben um.**

C1

1. Stress kann nicht immer vermieden werden. (*sich lassen* + Infinitiv)
2. Die gesundheitlichen Folgen dürfen allerdings nicht missachtet werden. (*sein + zu* + Infinitiv)
3. Dazu muss man sich die Burnout-Zahlen ansehen. (*brauchen + bloß* + Infinitiv)
4. Auch Unternehmen müssen darauf achten, dass der Stress für die Mitarbeitenden nicht überhandnimmt. (*haben + zu* + Infinitiv)
5. Sensible Arbeitgeber können gesundheitsschädliche Arbeitsbedingungen eindämmen. (*wissen + zu* + Infinitiv)

Vermutungen äußern (Gegenwart und Vergangenheit) → B1+ K9 M1 / B2 K12 M1 / C1 K12 M1

Gegenwart

mit Futur I (*werden* + Infinitiv)
· Constantin wird noch in der Uni sein.

mit Modalverb* + Infinitiv
· Er müsste bald zu Hause sein.

Vergangenheit

mit Futur II (*werden* + Partizip II + *haben / sein*)
· Er wird die Prüfung wohl bestanden haben.

mit Modalverb* + Partizip II + *haben / sein*
· Er muss viel gelernt haben.

* Für Vermutungen werden vor allem *könnte, kann, dürfte, müsste* und *muss* verwendet. Man kann mit Modalverben oder Adverbien zeigen, wie sicher man sich ist.

könnte / kann	dürfte	müsste	muss
↓	↓	↓	↓
vielleicht, eventuell, möglicherweise	vermutlich, wohl, anscheinend	wahrscheinlich, sicherlich	sicher, bestimmt, höchstwahrscheinlich

Der Übergang zwischen den Bedeutungen der Modalverben und Adverbien ist fließend.

Vermutungen kann man auch ohne Futur oder Modalverben mit Sätzen im Präsens oder Perfekt ausdrücken. Dann verwendet man immer Adverbien wie *vielleicht, wahrscheinlich* etc.
· Constantin kommt wahrscheinlich / vielleicht / sicher gleich nach Hause.

20 **Warum sind die Kollegen nicht da? Formulieren Sie Vermutungen im Futur I.**

B1+

Frau Romolus

Herr Kengler

Herr Kaya und Frau Moithan

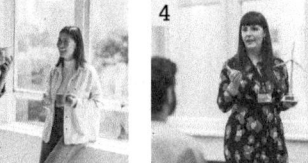
Frau Bilimann

Herr Liebert

1. *Frau Romolus wird in der Kantine sein.*

21 **Vermutungen. Ergänzen Sie die Sätze mit Futur II.**

B2
1. Ben ist gar nicht da. Er ...*wird*... wohl schon nach Hause *gegangen sein* . (gehen)
2. Schon so spät! Mira .... jetzt schon in Berlin ...., oder? (ankommen)
3. Ich warte seit Stunden auf den Rückruf von Herrn Lapov. Den .... er wohl
   .... (vergessen)
4. Ich habe den Konflikt zwischen Ava und Selim gar nicht verstanden. Aber es .... sich dabei
   wohl um ein Missverständnis .... (handeln)
5. Irgendwann .... wir hoffentlich eine Lösung für das Problem .... (finden)

22 **Gespräche im Büro. Formulieren Sie die Vermutungen mit Modalverben.**

B2
1. ● Kommt Sina auch?
   ○ Ja, sicherlich ist sie gleich da. → *Ja, sie müsste gleich hier sein.*
2. ● Reicht das Budget für das Projekt?
   ○ Das wird wohl eher schwierig werden. → ....
3. ● Marco kommt auch wirklich immer zu spät.
   ○ Höchstwahrscheinlich hat er den Zug verpasst. → ....
4. ● Die beiden Filialen werden nächstes Jahr zusammengelegt.
   ○ Eventuell ist diese Entscheidung ein Fehler. → ....
5. ● Die Kalkulation ist aber nicht korrekt, oder?
   ○ Oh, da hat sich anscheinend jemand verrechnet. → ....

Behauptungen wiedergeben: subjektive Bedeutung der Modalverben *sollen* und *wollen* → C1 K3 M1

Die Modalverben *sollen* und *wollen* werden verwendet, um Behauptungen wiederzugeben, bei denen der / die Sprecher/in nicht sicher ist, ob sie wahr sind. Man signalisiert damit Skepsis oder Zweifel.

sollen

Der Sprecher / Die Sprecherin gibt wieder, was eine andere Person behauptet oder behauptet hat.

Jeder kennt solche Klischees über Berufe: Juristen sollen oft übergenau sein.	→ Man hört häufig, dass Juristen oft übergenau sind.
Viele Führungskräfte sollen sich im Lauf ihrer Karriere charakterlich verändert haben.	→ Es wird / wurde behauptet, dass sich viele Führungskräfte im Lauf ihrer Karriere charakterlich verändert haben.

wollen

Der Sprecher / Die Sprecherin gibt wieder, was eine andere Person von sich selbst behauptet / behauptet hat. Diese Form wird vor allem für die Vergangenheit verwendet.

Fast alle von uns wollen dafür schon Beispiele beobachtet haben.	→ Fast alle sagen / behaupten von sich, dass sie dafür schon Beispiele beobachtet haben.

Bildung der Vergangenheitsform

sollen / wollen + Partizip II + *haben / sein*

---

23 **Behauptungen. Welches Modalverb passt? Kreuzen Sie an.**

C1

1. ● Der berühmte Wissenschaftler Leo Ringmeier   will   soll das Geologie-Seminar halten. Das habe ich irgendwo gelesen.
2. ○ Ja, ich weiß. Er   will   soll einer der Besten auf seinem Fachgebiet sein, sagt er selbst.
3. ● Und er   will   soll viele Jahre an einer amerikanischen Universität gelehrt haben. Das hat mir irgendjemand erzählt.
4. ○ Echt? Ach ja, und außerdem   will   soll seine Frau auch in der Forschung tätig sein. Das habe ich von Professor Miller gehört.
5. ● Ja, das stimmt. Sie heißt Anna Kleinschmidt und   will   soll schon seit Jahren an der Uni Frankfurt lehren. Und Leo Ringmeier und Professor Miller   wollen   sollen ja gut befreundet sein, heißt es.
6. ○ Ja, Miller   will   soll Ringmeier schon bei unzähligen Studien geholfen haben. Das behauptet er jedenfalls.
7. ● Aber die Vorlesungen und Seminare von Ringmeier   wollen   sollen ja immer sehr interessant sein, hat irgendjemand gesagt. Na ja, wir werden sehen …

---

24 **Ergänzen Sie die Behauptungen in der Vergangenheitsform.**

C1

1. Der Wissenschaftler versichert, dass er den Text allein geschrieben hat.

   Der Wissenschaftler .... den Text allein ....

2. Es kann aber auch sein, dass er aus anderen Publikationen abgeschrieben hat.

   Er .... aber auch aus anderen Publikationen ....

3. Die Uni-Leitung ist sicher, dass er einige Abschnitte kopiert hat.

   Er .... einige Abschnitte ....

4. Auf der Uni-Homepage steht, dass die Uni bereits Untersuchungen eingeleitet hat.

   Die Uni .... bereits Untersuchungen ....

5. Man sagt, dass die Universität seinen Vertrag gekündigt hat.

   Die Universität .... seinen Vertrag ....

6. Der Wissenschaftler behauptet, dass er viele Auszeichnungen bekommen hat.

   Der Wissenschaftler .... viele Auszeichnungen ....

Irreales, Vermutungen, Wünsche, Vorschläge, Bitten ausdrücken: Konjunktiv II → B1+ K11 M3 / B2 K4 M1 / B2 K6 M3

Bildung Präsens
würde + Infinitiv:
- Ich würde gern besser schlafen.

Bei den Hilfsverben und Modalverben verwendet man die Konjunktiv-Form ohne *würde*:
- er/es/sie hätte, wäre, könnte, müsste, dürfte, wollte, sollte

Auch bei einigen unregelmäßigen Verben verwendet man oft die Konjunktiv II-Form ohne *würde*:
- geben: er/es/sie gäbe, gehen: er/es/sie ginge, kommen: er/es/sie käme, wissen: er/es/sie wüsste, brauchen: er/es/sie bräuchte

Passiv: *würde* + Partizip II:
- Das Medikament würde entwickelt, wenn es Investoren gäbe.

Passiv mit Modalverb: Modalverb im Konjunktiv II + Partizip II + *werden*:
- Das Medikament müsste schnell entwickelt werden.

Bildung Vergangenheit
Konjunktiv II von *haben/sein* + Partizip II:
- Meine Freundin wäre nicht zu diesem Arzt gegangen.

mit Modalverb: Konjunktiv II von *haben* + Infinitiv + Modalverb im Infinitiv:
- Ich hätte früher zum Arzt gehen sollen.
- Ich weiß, dass ich früher zum Arzt hätte gehen sollen.*

Passiv: Konjunktiv II von *sein* + Partizip II + *worden*:
- Wenn das Medikament eher entwickelt worden wäre, hätte es vielen Menschen geholfen.

Passiv mit Modalverb: Konjunktiv II von *haben* + Partizip II + *werden* + Modalverb im Infinitiv:
- Das Medikament hätte früher entwickelt werden müssen.
- Ich finde, dass das Medikament früher hätte entwickelt werden müssen.*

* Bei diesen Formen steht das konjugierte Verb im Nebensatz vor den restlichen Verben.

Verwendung

höfliche Bitte / Frage	Könnten Sie mir bitte helfen? Würdest du mir mal dein Handy leihen?
Wunsch	Wir würden so gern mal wieder in den Urlaub fahren. Hätte ich das bloß früher gewusst!
irreale Bedingung	Ich würde mir ein neues Handy kaufen, wenn ich genug Geld hätte. Wenn das Wetter besser gewesen wäre, hätten wir einen Ausflug machen können.
Vorschlag/Ratschlag	An deiner Stelle würde ich zum Arzt gehen. Du solltest vielleicht zum Arzt gehen.
Vermutung	Ich müsste noch genug Geld haben. Pjotr dürfte krank sein.
irrealer Vergleich	Er sieht so aus, als ob / als wenn er krank wäre. Er sieht so aus, als wäre er krank.

25 **Wovon träumt Flo? Schreiben Sie Sätze im Konjunktiv II.**

B1+

1. Er würde jetzt gern ...

26 Kurze Gespräche. Ergänzen Sie die Verben im Konjunktiv II.

B1+

brauchen • können • müssen • sein • sollen • werden • wissen

1. ● Kommst du am Freitag auch zum Geburtstag von Alex?

   ○ Ich .... kommen, wenn ich .... Ich muss aber leider arbeiten.

2. ● Ich .... mal deine Hilfe. Hast du kurz Zeit?   ○ Klar, einen Moment.

3. ● Ich bin so müde!   ○ Du .... wirklich mal früher ins Bett gehen.

4. ● Wie lange musst du denn heute arbeiten?   ○ Wenn ich das ....!

5. ● Ach, ich .... jetzt gern irgendwo am Strand.   ○ Oh ja, ich auch!

6. ● Weißt du, wie dieses Gerät funktioniert?   ○ Frag doch mal Karla. Die .... das wissen!

27 Wo warst du denn? Schreiben Sie irreale wenn-Sätze.

B2

1. Ich hatte leider keine Zeit. Deshalb habe ich dich nicht anrufen.
2. Mein Akku war leer. Deshalb habe ich dir keine Nachricht geschickt.
3. Ich stand im Stau. Deshalb bin ich zu spät gekommen.
4. Ich habe meinen Geldbeutel vergessen. Deshalb habe ich nicht eingekauft.
5. Ich habe so lange gearbeitet. Deshalb konnte ich nicht früher nach Hause gehen.

1. Wenn ich Zeit gehabt hätte, hätte ich dich angerufen.

28 Das Haus an der Ecke. Bilden Sie irreale Vergleichssätze.

B2

1. Das Haus macht den Eindruck, als ob … (Es ist seit Jahren unbewohnt.)
2. Der Garten ist so zugewachsen, als … (Lange hat sich niemand darum gekümmert.)
3. Das Dach wirkt so, als wenn … (Es muss dringend repariert werden.)
4. Der Zaun sieht so aus, als ob … (Jemand hat ihn mit Absicht zerstört.)
5. Die Fenster sind so schmutzig, als wenn … (Sie sind noch nie geputzt worden.)
6. Es scheint so, als … (Schon lange hat niemand mehr dieses Haus betreten.)

1. Das Haus macht den Eindruck, als ob es seit Jahren unbewohnt wäre.

29 Was haben Sie denn den ganzen Tag gemacht? Schreiben Sie Sätze wie im Beispiel.

B2

1. Der Bericht wurde nicht geschrieben.

   Aber er hätte geschrieben werden müssen.

2. Die Präsentation wurde nicht überarbeitet.

   ....

3. Der Termin mit der Personalabteilung wurde nicht abgesagt.

   ....

4. Die Einladungen zur Firmenfeier wurden nicht verschickt.

   ....

5. Die Konferenz wurde nicht vorbereitet.

   ....

6. Die Verträge wurden nicht ausgedruckt.

   ....

Indirekte Rede und Konjunktiv I → **B2 K11** M3 / **C1 K4** M1

Verwendung

Man verwendet in der indirekten Rede den Konjunktiv I, um deutlich zu machen, dass man die Worte einer anderen Person wiedergibt und nicht die eigene Meinung. Die indirekte Rede mit Konjunktiv I wird vor allem in der Wissenschaftssprache, in Zeitungsartikeln und in Nachrichtensendungen verwendet. In der gesprochenen Sprache benutzt man in der indirekten Rede häufig den Indikativ oder den Konjunktiv II.
Der Nebensatz mit indirekter Rede kann mit oder ohne *dass* gebildet werden.
- Dr. Hofer meint, dass ein Hobby Ablenkung von der Arbeit biete.
- Dr. Hofer meint, ein Hobby biete Ablenkung von der Arbeit.

Konjunktiv I Bildung
Gegenwart
Infinitivstamm + Endung

	sein	haben	Modalverben	andere Verben
ich	sei	habe → hätte	könne	finde → würde finden / fände
du*	sei(e)st	habest	könnest	findest → würdest finden / fändest
er/es/sie	sei	habe	könne	finde
wir	seien	haben → hätten	können → könnten	finden → würden finden / fänden
ihr*	sei(e)t	habet	könnet	findet → würdet finden / fändet
sie/Sie	seien	haben → hätten	können → könnten	finden → würden finden / fänden

Meist verwendet man den Konjunktiv I in der 3. Person.
Man verwendet Konjunktiv II oder *würde* + Infinitiv, wenn die Form des Konjunktiv I identisch ist mit dem Indikativ. Das ist bei vielen Verben in der 1. Person Singular und Plural und der 3. Person Plural der Fall.
* Die Formen in der 2. Person Singular und Plural sind sehr selten.

Vergangenheit
Konjunktiv I von *haben* oder *sein* + Partizip II
- Sie betonte, dass sie einen langen Urlaub genommen habe und verreist sei.

Es gibt nur eine Vergangenheitsform im Konjunktiv I.

Weitere Möglichkeiten der Redewiedergabe

häufige redeeinleitende Verben
sagen, meinen, behaupten, erklären, betonen, erwidern, anmerken, mitteilen, ergänzen, hinzufügen, loben, kritisieren, …
Für die Wiedergabe einer Rede ist **ein** Signal ausreichend. Wenn man sich deutlich von der Aussage distanzieren möchte, dann verwendet man den Konjunktiv I.
- Er habe viel dazu geforscht, behauptet Dr. Hofer.

Umformungen bei Redewiedergabe
Zeit- und Ortsangaben müssen in der Redewiedergabe oft umformuliert werden, ebenso wie Personal- und Possessivpronomen.
- „**Wir** gehen **heute** essen." → Er sagte, **sie** würden **an diesem Abend / Tag** essen gehen.
- „**Hier** gefällt es **mir** gut." → Sie meinte, es gefalle **ihr dort** gut.
Fragen werden zu indirekten Fragesätzen.
- „Was habt ihr gegessen?" → Er fragte, was wir gegessen hätten.
- „Kommt er am Montag?" → Sie fragt, ob er am Montag komme.

Präpositionen mit Dativ

laut/nach	• Laut/Nach Dr. Hofer sind Hobbys wichtig, um von der Arbeit abschalten zu können. *nach* und *laut* stehen vor dem Bezugswort. Bezieht sich *nach* z. B. auf eine Meldung, kann es auch nach dem Bezugswort stehen.
gemäß	• Gemäß dem Wissenschaftler / Dem Wissenschaftler gemäß sind die beliebtesten Hobbys Gartenarbeit und Shopping. *gemäß* kann vor oder nach dem Bezugswort stehen
zufolge	• Dr. Hofer zufolge ist Ablenkung und Entspannung wichtig für die Gesundheit. *zufolge* steht immer nach dem Bezugswort

Bei Redewiedergabe mit Präpositionen wird häufig auch eine Formulierung mit *sollen / wollen* verwendet.
• Laut einer Meldung sollen Gartenarbeit und Shopping am beliebtesten sein.

so + Person oder eine andere Quelle (eingeschoben oder nachgestellt)
• In Zukunft wird die richtige Work-Life-Balance an Bedeutung gewinnen, so der Wissenschaftler.
• In Zukunft wird, so der Wissenschaftler, die richtige Work-Life-Balance an Bedeutung gewinnen.

Nebensatz mit *wie* und Verb zur Redeeinleitung
• Wie Dr. Hofer erklärt, nehmen sich zu viele Menschen nicht genug Zeit für einen Ausgleich zur Arbeit.

30 Interview mit der Bürgermeisterin. Ergänzen Sie die Aussagen im Konjunktiv I. Verwenden Sie
B2 bei Formengleichheit mit dem Infinitiv den Konjunktiv II.

In dem Interview, das die Bürgermeisterin von Neustadt

gestern gab, betonte sie, dass sie nicht amtsmüde

(1) .... (sein) und auch bei der nächsten

Wahl kandidieren (2) .... (wollen).

Zu möglichen Koalitionspartnern sagte sie, dass sie

sich auch ein ganz neues Bündnis vorstellen

(3) .... (können). Diese Gespräche

(4) .... (müssen) aber nach der Wahl

geführt werden. Wichtig (5) .... (sein)

jetzt, dass man ein klares Programm (6) .... (vorstellen), an dem sich die Bürger und

Bürgerinnen orientieren (7) .... (können).

Sie (8) .... (haben) in der Vergangenheit oft den Kontakt zu den Menschen gesucht,

weil sie ihre Sorgen und Wünsche verstehen (9) .... (wollen). Auch mit jungen Leuten

(10) .... (haben) sie gesprochen, denn diese (11) .... (haben) oft ganz

andere Probleme. Politiker und Politikerinnen (12) .... (sollen) auf die Menschen zugehen,

weil diese oft nicht (13) .... (wissen), an wen sie sich mit ihren Sorgen wenden

(14) .... (sollen). Am Ende sagte sie, sie (15) .... (sein) zuversichtlich,

dass sie auch die nächste Wahl (16) .... (gewinnen).

31 **Ständige Erreichbarkeit. Geben Sie die Aussagen wieder. Verwenden Sie dabei die angegebenen Wörter.**

C1
1. Ein renommierter Psychologe: „Ständige Erreichbarkeit bedeutet für viele Menschen Stress." (zufolge)
2. Eine Jugendliche: „Ich verstehe die Diskussion nicht. Natürlich muss man immer erreichbar sein." (Konjunktiv I / meinen)
3. Ein gestresster Manager: „In meinem Beruf wird erwartet, dass ich auch im Urlaub erreichbar bin." (wie / betonen)
4. Die Vorsitzende eines großen Unternehmens: „Es ist wichtig, dass die Angestellten am Wochenende wirklich von der Arbeit abschalten." (laut)
5. Eine besorgte Ärztin: „Für die Gesundheit sind Zeiten der Ruhe und Erholung wichtig." (so)
6. Ein Bericht in der Zeitung: „Die Zahl der Krankmeldungen nimmt aufgrund der ständigen Erreichbarkeit in allen Branchen stetig zu." (nach)

Passiv → B1+ K7 M1 / **B2 K5** M3 / **C1**

Verwendung

Beim Passiv ist wichtig, **was passiert**, also der Vorgang oder die Aktion:
· Das Werkzeug wird getauscht.
Beim Aktiv ist wichtig, **wer** etwas **macht**, also die handelnde Person:
· Die Personen tauschen das Werkzeug.

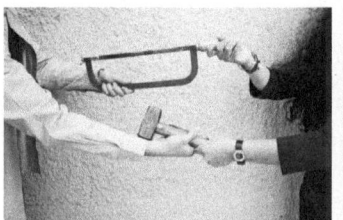

Formen

Passiv Präsens *werden* im Präsens + Partizip II	Das Fahrrad wird repariert.
Passiv Präteritum *werden* im Präteritum + Partizip II	Das Fahrrad wurde repariert.
Passiv Perfekt *sein* im Präsens + Partizip II + *worden*	Das Fahrrad ist repariert worden.
Passiv Plusquamperfekt *sein* im Präteritum + Partizip II + *worden*	Das Fahrrad war repariert worden.
Passiv Präsens mit Modalverb Modalverb im Präsens + Partizip II + *werden* im Infinitiv	Das Fahrrad kann repariert werden.
Passiv Präteritum mit Modalverb Modalverb im Präteritum + Partizip II + *werden* im Infinitiv	Das Fahrrad konnte repariert werden.
Passiv Perfekt mit Modalverb *haben* im Präsens + Partizip II + *werden* im Infinitiv + Modalverb im Infinitiv	Das Fahrrad hat repariert werden können.*
Passiv Plusquamperfekt mit Modalverb *haben* im Präteritum + Partizip II + *werden* im Infinitiv + Modalverb im Infinitiv	Das Fahrrad hatte repariert werden können.*

* Stellung der Verben im Nebensatz
Bei diesen Formen (vier Verben hintereinander) steht das konjugierte Verb im Nebensatz vor dem Partizip II.
· Er hat gesagt, dass das Fahrrad hat repariert werden können.

Angabe des Agens in Passivsätzen mit *von* und *durch*
· bei Personen meist: *von* + Dativ: Viele Dinge werden von allen Mitgliedern benutzt.
· bei Ereignissen oder unpersönlich: *durch* + Akkusativ: Das Fahrrad wurde durch den Unfall beschädigt.

Passiversatzformen

Formulierungen mit *man*	Passiv
Man kann das Fahrrad reparieren.	Das Fahrrad kann repariert werden.
sein + zu + **Infinitiv**	Passiv mit *müssen/können/sollen* (je nach Kontext)
Das Fahrrad ist zu reparieren.	Das Fahrrad muss repariert werden.
sich lassen + **Infinitiv**	Passiv mit *können*
Das Fahrrad lässt sich nicht mehr verkaufen.	Das Fahrrad kann nicht mehr verkauft werden.
sein + **Adjektiv mit Endung** *-bar/-lich*	Passiv mit *können*
Das Fahrrad ist reparierbar.	Das Fahrrad kann repariert werden.
Es ist unersetzlich.	Es kann nicht ersetzt werden.

32 Eine grüne Stadt. Antworten Sie im Passiv in der angegebenen Tempusform.

B1+
1. Wann hat die Stadt das Umweltzentrum eröffnet? (2023 / Präteritum)
2. Wann baut die Stadt die Radwege aus? (nächstes Jahr / Präsens)
3. Wann hat die Stadt das Straßenbahnnetz verbessert? (2022 / Perfekt)
4. Wie oft testet die Stadt das Trinkwasser? (jedes Jahr / Präsens)
5. Wer hat die Umwelt-Workshops konzipiert? (das Umweltzentrum / Präteritum)
6. Wann hat die Stadt die Solaranlagen aufgestellt? (vor zwei Jahren / Perfekt)

1. Das Umweltzentrum wurde 2023 eröffnet.

33 Im Stadtteilverein. Was muss alles erledigt werden? Formulieren Sie Sätze.

B1+

To-do-Liste

Montag:	die Flyer drucken	Freitag:	alle Mitglieder zur Café-Eröffnung einladen
Dienstag:	frische Blumen bestellen		
Mittwoch:	das aktuelle Programm online stellen	Samstag:	die Blumen pflanzen
Donnerstag:	die Mitgliederliste aktualisieren	Sonntag:	das neue Café eröffnen

Am Montag müssen die Flyer gedruckt werden.

34 Konflikte im Büro. Formen Sie die Sätze mit den angegebenen Passiversatzformen um.

B2
1. Viele Streitsituationen im Büro können vermieden werden. (sich lassen + Infinitiv)
2. Manche Äußerungen können leicht missverstanden werden. (sein + Adjektiv mit Endung -lich)
3. Mit einem offenen Gespräch können viele Konflikte schnell beseitigt werden. (sein + zu + Infinitiv)
4. Natürlich können nicht alle Probleme sofort gelöst werden. (sein + Adjektiv mit Endung -bar)
5. Bestimmte Gesprächsregeln müssen auch in heftigen Diskussionen beachtet werden. (sein + zu + Infinitiv)
6. Doch nicht alle Gesprächsregeln können immer umgesetzt werden. (man)

35 Aussagen der Chefin. Formen Sie die Hauptsätze in Nebensätze um. Achten Sie auf die Wortstellung.

C1
1. Die Chefin hat gesagt: Die Firma musste umstrukturiert werden.
2. Sie hat erklärt: Die Abteilung hat vergrößert werden müssen.
3. Sie berichtete: Neue Kunden konnten gewonnen werden.
4. Sie bedauerte: Einige Verträge haben nicht verlängert werden können.
5. Sie mahnte: Viele Projekte hätten schneller abgeschlossen werden müssen.

1. Die Chefin hat gesagt, dass die Firma umstrukturiert werden musste.

Subjektlose Passivsätze   → B2 K9 M1

Wenn der Aktivsatz kein Akkusativobjekt hat, hat der Passivsatz kein Subjekt.
· In der Küche arbeitet man hart. (Aktivsatz)
· In der Küche wird hart gearbeitet. (Passivsatz)

In subjektlosen Passivsätzen können auch Dativobjekte oder Präpositionalobjekte stehen.
· Den Gästen wird sofort geholfen.
· Über Nachhaltigkeit ist schon viel gesagt worden.

Auf Position 1 kann das Wort *es* als Platzhalter stehen. Stilistisch ist es aber meistens besser, die Position 1 anders zu besetzen.
· Es wird hart in der Küche gearbeitet. → In der Küche wird hart gearbeitet.

Das konjugierte Verb steht immer in der 3. Person Singular.

36 **Was wird im Büro alles gemacht? Schreiben Sie Sätze wie im Beispiel.**

B2
1. über interessante Konzepte diskutieren: *Über interessante Konzepte wird diskutiert.*
2. über neue Strategien nachdenken: ....
3. Lieferanten kontaktieren: ....
4. mit anderen Firmen verhandeln: ....
5. an Projekten arbeiten: ....
6. Probleme besprechen: ....

Vorgänge und Zustände beschreiben: Passiv mit *werden* und *sein*   → B2 K10 M3

	Vorgangspassiv: *werden* + Partizip II	Zustandspassiv: *sein* + Partizip II
Präsens	Serien werden häufig allein gesehen.	Aber auch günstige Produktionen sind oft gut gemacht.
Präteritum	Früher wurden Serien nur im Fernsehen ausgestrahlt.	Die Serienhits waren von Streamingdiensten produziert.
	Wichtig ist die Handlung, der Vorgang selbst.	Wichtig ist das Ergebnis der Handlung oder der Zustand.

Das Zustandspassiv kann man nur mit Verben bilden, mit denen man eine abgeschlossene Handlung ausdrücken kann.
Einige Verben bilden das Vorgangspassiv, aber kein Zustandspassiv, z. B.: *sehen, rufen, loben*.
Im Zustandspassiv wird meist kein Agens genannt.

37 **Alles schon fertig! Schreiben Sie die Antworten im Zustandspassiv.**

B2
1. Wir müssen noch das Essen für das Filmfest bestellen.
2. Aber die Plakate müssen noch aufgehängt werden.
3. Du musst noch die Getränke kaufen.
4. Ich muss die Gästeliste noch schreiben.
5. Aber die Räume müssen noch dekoriert werden.
6. Ich muss noch eine Playlist erstellen.
7. Die Bühne muss aber noch aufgebaut werden.

1. Das Essen ist schon bestellt.

Nomen-Verb-Verbindungen → **B2 K7** M1 / **C1 K11** M3

Nomen-Verb-Verbindungen (auch Funktionsverbgefüge genannt) sind typische Sprachmittel eines eher formellen Stils.
Nomen-Verb-Verbindungen bestehen aus einem Nomen und einem Verb. Manchmal kommt eine Präposition dazu.

Das Verb hat nur eine grammatische Funktion und keine eigene Bedeutung. Meistens kann man die Bedeutung der Nomen-Verb-Verbindung über das Nomen erschließen.
· eine Frage stellen = fragen

Bei manchen Nomen-Verb-Verbindungen kann man die Bedeutung nicht direkt vom Nomen ableiten.
· in der Lage sein = können

Die Bedeutung von Nomen-Verb-Verbindungen kann **aktivisch** oder **passivisch** sein:
· Man hätte dann vielleicht ein topaktuelles Projekt in Angriff genommen.
→ Man hätte dann vielleicht ein topaktuelles Projekt begonnen. (**Aktiv**)

· Manche Themen geraten auch schnell wieder in Vergessenheit.
→ Manche Themen werden auch schnell wieder vergessen. (**Passiv**)

Bei manchen Nomen-Verb-Verbindungen gibt es Varianten mit unterschiedlichen Verben, die Einfluss darauf haben, ob die Bedeutung aktivisch oder passivisch ist:
· etwas zur Sprache bringen → etwas thematisieren
· zur Sprache kommen → etwas wird thematisiert

Bei passivischen Nomen-Verb-Verbindungen benötigt man wie auch beim Passiv kein Agens.
· Das Problem wird (vom Redner) nicht thematisiert.

Weitere Nomen-Verb-Verbindungen

zum Abschluss kommen	sich Gedanken machen über (+Akk.)
ein Angebot machen	ein Gespräch führen
eine Antwort geben auf (+ Akk.)	Interesse haben an (+ Dat.)
unter Druck stehen	Interesse wecken an (+ Dat.) / für (+ Akk.)
Einfluss haben auf (+ Akk.)	die Kosten tragen für (+ Akk.)
zum Einsatz kommen	Kritik üben an (+ Dat.)
eine Entscheidung treffen	eine Meinung vertreten
in Erfüllung gehen	sich Mühe geben bei (+ Dat.)
zur Folge haben	eine Rolle spielen
eine Forderung stellen	Rücksicht nehmen auf (+ Akk.)
in Frage kommen	einen Vorschlag machen

38 **Welches Verb passt? Ordnen Sie zu.**

B2

bewahren · bringen · erteilen · leisten · machen · nehmen · spielen · stehen · stellen · tragen · üben · ziehen

1. eine Rolle ....

2. in Betracht ....

3. einen Beitrag ....

4. eine Frage ....

5. in Schutz ....

6. Verantwortung ....

7. zum Abschluss ....

8. Ruhe ....

9. Kritik ....

10. auf dem Standpunkt ....

11. sich Gedanken ....

12. die Erlaubnis ....

39 **Gespräche im Büro. Ergänzen Sie die Verben in der richtigen Form.**

B2

aufbringen • bringen • führen • geben • gehen • nehmen • nehmen • wecken

1. ● Wann findet die Besprechung statt?
   ○ Ich weiß es noch nicht, aber ich .... dir
     rechtzeitig Bescheid.

2. ● Wir machen viel zu viele Überstunden.
   ○ Stimmt. Das müssen wir unbedingt im nächsten Meeting
     mit der Abteilungsleitung zur Sprache ....

3. ● Hast du mal wieder mit Ben gesprochen?
   ○ Nein, ich habe das Gefühl, er .... mir aus
     dem Weg.

4. ● Sag mal, was denkst du eigentlich über Claras Verhalten?
   ○ Also, ehrlich gesagt, kann ich dafür kein Verständnis ....

5. ● Musst du immer so laut telefonieren? Ich muss arbeiten und kann mich nicht konzentrieren. Du
     könntest wirklich ein bisschen mehr Rücksicht .... !
   ○ Entschuldige bitte, du hast ja recht.

6. ● Willst du echt wegziehen?
   ○ Na ja, ich habe so ein gutes Stellenangebot in Stuttgart bekommen. Da .... ich den
     Umzug gerne in Kauf.

7. ● Du, ich war gerade bei dem neuen Kollegen in der Personalabteilung und wir haben echt ein
     interessantes Gespräch ....
   ○ Wirklich? Erzähl mal!

8. ● Was sagst du zu dem Vortrag von Frau Gellner?
   ○ Na ja, sie wollte ja Interesse für ihr Projekt ...., aber so richtig ist ihr das nicht
     gelungen.

40 **Ersetzen Sie die unterstrichenen Verben durch Nomen-Verb-Verbindungen.**

B2

außer Frage stehen • die Wahl haben • den Entschluss fassen • die Absicht haben •
in Kontakt treten mit • zur Auswahl stehen

Online zum Studienabschluss

Viele Studierende haben bereits erlebt, wie es ist, online zu studieren. Aber die meisten besuchen lieber in der Uni Präsenz-Veranstaltungen, wenn sie (1) sich entscheiden können. Trotzdem sind Online-Studiengänge auch weiterhin beliebt, vor allem bei Menschen, die bereits voll im Beruf stehen. Wer (2) beabsichtigt, sich neben seinem Beruf weiterzuqualifizieren oder sich ein zweites Standbein aufzubauen, ist mit einem Online-Studiengang gut beraten, denn da kann man sich die Lernzeiten frei einteilen. Auch wenn die unterschiedlichsten Programme (3) angeboten werden, funktioniert ein Online-Studium in der Regel nach wie vor recht einfach. Die Vorlesungen sieht man als Video, beantwortet anschließend Fragen dazu und kann bei Problemen (4) einen Tutor oder eine Tutorin kontaktieren. Je nach Anbieter gibt es auch Präsenzzeiten, d. h., man muss für mehrere Wochen im Jahr einen nicht-virtuellen Kurs besuchen. Auch Klausuren werden meist direkt in den Instituten geschrieben. (5) Es ist richtig, dass es neben den Vorteilen – wie z. B. zeitliche und örtliche Flexibilität – natürlich auch Nachteile gibt. So erfordert ein Online-Studium ziemlich viel Selbstdisziplin und man kann sich manchmal auch recht einsam fühlen. Darüber sollte man sich im Klaren sein, bevor man (6) sich entschließt, ein Online-Studium zu absolvieren.

41 Auf der Studierenden-Versammlung. Aktivisch oder passivisch? Kreuzen Sie das passende Verb an.

C1

1. Bei der Versammlung der Studierenden ist zum Ausdruck ☐ gebracht ☐ gekommen, dass viele Studierende mit dem Campus unzufrieden sind.
2. Alle Studierenden konnten ihre Anliegen zur Sprache ☐ bringen ☐ kommen.
3. Jetzt wollen die Studierenden einige Veränderungen in Gang ☐ bringen ☐ kommen.
4. Sie fordern, dass ihre Vorschläge auch bei der Uni-Leitung Beachtung ☐ schenken ☐ finden.
5. Zur Diskussion ☐ stellt ☐ steht auch, wie man das Angebot in der Mensa verbessern kann.
6. Einige sehr nachdrückliche Forderungen der Studierendenschaft haben die Uni-Leitung in helle Aufregung ☐ geraten ☐ versetzt.

NOMEN

Plural der Nomen → B1+ K3 M1

Nomen		Pluralendung	
1. · maskuline und neutrale Nomen auf *-en/-er/-el* · neutrale Nomen auf *-chen*		(")-	der Garten – die Gärten der Koffer – die Koffer das Mädchen – die Mädchen
2. · fast alle femininen Nomen (ca. 96 %), auch Nomen auf *-ung, -heit, -keit* · maskuline Nomen auf *-or* · maskuline Nomen der n-Deklination		-(e)n	die Ware – die Waren die Erinnerung – die Erinnerungen der Professor – die Professoren der Mensch – die Menschen
3. · die meisten maskulinen (ca. 70 %) und einige neutrale Nomen		(")-e	der Grund – die Gründe das Flugzeug – die Flugzeuge
4. · viele einsilbige neutrale Nomen		(")-er	das Schild – die Schilder das Land – die Länder
5. · viele Wörter aus anderen Sprachen · Abkürzungen (PC, Lkw, …) · Nomen mit *-a/-i/-o/-u* (Auto, Pulli, …)		-s	der Fan – die Fans der Pkw – die Pkws das Taxi – die Taxis

42 Sortieren Sie die Nomen in die Tabelle und bilden Sie den Plural.

B1+

~~das Buch~~ • das Fenster • der Name • das Hotel • der Nachbar • das Kino • die Band • die Zeitung • das Rad • der Tag • der Motor • das Kind • der Computer • die Brille • das Brötchen • der Stuhl • der Kuchen • die AG • der Vogel • die Tasche • der Freund • die Vorbereitung • das Büro • der Kugelschreiber • das Bad

-(")	-(e)n	-(")e	-(")er	-s
			das Buch – *die Bücher*	

Wie geht's dir? Ergänzen Sie die Nomen im Plural.

Sorry, dass ich mich so lange nicht gemeldet habe, aber in den letzten (1) .... (Woche) war einfach so viel los! Ich hatte so viele (2) .... (Prüfung) und nur Stress.

Ah, okay. Ich hoffe, alles ist gut gelaufen! Wahrscheinlich kannst du jetzt keine (3) .... (Buch) mehr sehen, oder?

Wirklich nicht! Ich habe noch nicht alle (4) .... (Note) bekommen, aber ich glaube, es war ganz okay. Was ist bei dir so los?

Ich war letzte Woche mit meinen (5) .... (Freund) in Paris. Die (6) .... (Tag) dort waren einfach der Wahnsinn!

Oh ja, Paris! Es gibt so tolle (7) .... (Geschäft) und (8) .... (Laden) dort. Und die (9) .... (Restaurant) und (10) .... (Café) sind auch super!

Das stimmt! Wir haben viele typische französische (11) .... (Gericht) probiert – sehr lecker! Ich schicke dir ein paar (12) .... (Foto).

Toll! Wann treffen wir uns mal? Kino? Es laufen gerade echt gute (13) .... (Film).

Oder fahren wir mal wieder mit den (14) .... (Rad) los?

Gute Idee! Ich melde mich morgen noch mal. Jetzt muss ich erst mal noch ein paar (15) .... (Sache) erledigen.

Alles klar, bis morgen!

---

n-Deklination → B1+ K9 M3

Die Nomen der n-Deklination haben im Singular und im Plural immer die Endung *-n* oder *-en*. Ausnahme: Nominativ Singular.

Singular

Nominativ	der Kunde	der Mensch
Akkusativ	den Kund**en**	den Mensch**en**
Dativ	dem Kund**en**	dem Mensch**en**
Genitiv	des Kund**en**	des Mensch**en**

Plural

Nominativ	die Kund**en**	die Mensch**en**
Akkusativ	die Kund**en**	die Mensch**en**
Dativ	den Kund**en**	den Mensch**en**
Genitiv	der Kund**en**	der Mensch**en**

ACHTUNG:
Einige Nomen haben im **Genitiv Singular** die Endung *-ns* (Mischformen):
der Name, des Name**ns**
der Glaube, des Glaube**ns**
der Buchstabe, des Buchstabe**ns**
der Wille, des Wille**ns**

das (!) Herz, des Herze**ns**

Zur n-Deklination gehören nur <u>maskuline</u> Nomen mit folgenden Endungen

-e	der Löwe, der Junge, der Name, ...	**-soph**	der Philosoph, ...
	Bezeichnungen für Nationalitäten:	**-at / -ad**	der Soldat, der Kamerad, ...
	der Pole, der Deutsche, der Schwede, ...	**-ot**	der Pilot, der Chaot, ...
-graf	der Fotograf, der Choreograf, ...	**-ant / -ent**	der Lieferant, der Student, ...
-ist / -it	der Polizist, der Artist, der Bandit, ...	**-loge**	der Psychologe, der Soziologe, ...

einige <u>maskuline</u> Nomen ohne Endung:
z. B. der Mensch, der Herr, der Nachbar, der Held, der Bauer, ...

44 **Der besondere Urlaub. Welche Form ist richtig? Kreuzen Sie an.**

B1+

1. Die Urlaubsagentur *Magic* hat für einen wohlhabenden ☐ Kunde ☐ Kunden ein besonderes Angebot zusammengestellt.
2. Den ☐ Name ☐ Namen des ☐ Kunde ☐ Kunden möchte die Agentur aber nicht nennen.
3. Zuerst möchte er von einem ☐ Experte ☐ Experten lernen, wie man in der Wildnis überleben kann. Dabei möchte er auch einen ☐ Löwe ☐ Löwen beobachten.
4. Dann möchte er eine Woche an einem Ort verbringen, wo ihm kein anderer ☐ Mensch ☐ Menschen begegnet.
5. Im Anschluss möchte er ein paar Wochen auf einem Bauernhof leben und dem ☐ Bauer ☐ Bauern bei der Arbeit im Stall und auf dem Feld helfen.
6. Er möchte das Landleben kennenlernen und sich dabei nicht wie ein ☐ Tourist ☐ Touristen fühlen.
7. Zum Schluss möchte er noch mit einem erfahrenen ☐ Pilot ☐ Piloten das Fliegen lernen.

45 **In der Arbeit. Ergänzen Sie die Nomen in der richtigen Form.**

B1+

1. Kennst du eigentlich schon den neuen .... (Praktikant)?
2. Der .... (Kunde) hat sich übrigens über die Lieferung beschwert.
3. Der Kaffee ist aus dem neuen .... (Automat). Der schmeckt echt gut!
4. Haben Sie bereits mit dem .... (Lieferant) gesprochen?
5. Schau mal, dieser Umschlag ist gerade von einem .... (Bote) gebracht worden.
6. Das ist Herr Moretti, der neue .... (Kollege) aus dem Marketing.

Genitiv → B1+ K5 M1

Verwendung

Mit dem Genitiv kann man Zugehörigkeit oder Besitz ausdrücken:
· die Vielfalt von den Berufen → die Vielfalt der Berufe
Nach manchen Präpositionen folgt der Genitiv:
· **trotz** des schlechten Wetters

Formen

maskuline und neutrale Nomen	Genitiv-Endung -s oder -es	die Begabung des Künstler**s**
Nomen mit Endung -nis	Genitiv-Endung -ses	die Schönheit des Ereignis**ses**
Nomen der n-Deklination	Genitiv-Endung -en	die Ausbildung des Student**en**
feminine Nomen und Plural	keine Genitiv-Endung	die Unterstützung der Mutter

Artikelwörter im Genitiv

Nominativ	Genitiv		
der	des	eines	meines
das	des	eines	meines
die	der	einer	meiner
die (Pl.)	der	von (+ Dativ)	meiner

46 **Formulieren Sie im Genitiv.**

B1+

1. der Gewinn von dem Betrieb
2. der Wunsch von ihrem Kunden
3. der Auftrag von einem Unternehmen
4. das Gehalt von den Angestellten
5. die Sprechstunde von seiner Professorin

6. die Öffnungszeiten von den Geschäften
7. die Bekanntgabe von dem Ergebnis
8. das Projekt von Kollegen
9. der Umbau von unserer Werkstatt
10. die Renovierung von dem Gebäude

1. der Gewinn des Betriebes

ADJEKTIV

Adjektivdeklination → **B1+ K4** M3 / **B2 K3** M1 / **C1 K4** M3

Typ I: mit bestimmtem Artikel

	der Bus	das Angebot	die Straße	die Kinder (Pl.)
N	der neu**e** Bus	das neu**e** Angebot	die geplant**e** Straße	die spielend**en** Kinder
A	den neu**en** Bus	das neu**e** Angebot	die geplant**e** Straße	die spielend**en** Kinder
D	dem neu**en** Bus	dem neu**en** Angebot	der geplant**en** Straße	den spielend**en** Kinder**n**
G	des neu**en** Bus**ses**	des neu**en** Angebot**s**	der geplant**en** Straße	der spielend**en** Kinder

auch nach Fragewörtern: *welcher, welches, welche*; nach Demonstrativartikeln: *dieser, dieses, diese; jener, jenes, jene*; nach Indefinitartikeln: *jeder, jedes, jede; alle* (Pl.); *irgendwelche* (Pl.); *manche** (Pl.)
nach Negationsartikeln und Possessivartikeln im Plural: *keine* (Pl.), *meine* (Pl.)

Typ II: mit unbestimmtem Artikel

	der Bus	das Angebot	die Straße	die Kinder (Pl.)
N	ein neu**er** Bus	ein aktuell**es** Angebot	eine geplant**e** Straße	spielend**e** Kinder
A	einen neu**en** Bus	ein aktuell**es** Angebot	eine geplant**e** Straße	spielend**e** Kinder
D	einem neu**en** Bus	einem aktuell**en** Angebot	einer geplant**en** Straße	spielend**en** Kinder**n**
G	eines neu**en** Bus**ses**	eines aktuell**en** Angebots	einer geplant**en** Straße	spielend**er** Kinder

auch nach Negationsartikeln und Possessivartikeln im Singular: *kein, keine* (Sg.) *mein, mein, meine* (Sg.)

Typ III: ohne Artikel

	der Bus	das Angebot	die Straße	die Kinder (Pl.)
N	neu**er** Bus	aktuell**es** Angebot	geplant**e** Straße	spielend**e** Kinder
A	neu**en** Bus	aktuell**es** Angebot	geplant**e** Straße	spielend**e** Kinder
D	neu**em** Bus	aktuell**em** Angebot	geplant**er** Straße	spielend**en** Kinder**n**
G	neu**en** Bus**ses**	aktuell**en** Angebots	geplant**er** Straße	spielend**er** Kinder

auch nach Zahlen: *zwei, drei, vier* …;
nach Indefinitartikeln im Plural: *viele, einige, wenige, andere, etliche, einzelne, manche** (Pl.)

* Nach dem Artikelwort *manche* kann das Adjektiv wie Typ I oder Typ III dekliniert werden.

47 Der neue Stadtrat. Welches Adjektiv ist richtig? Markieren Sie.

B1+

1. Der frisch gewählte / gewählter Stadtrat möchte einiges in der Stadt verbessern.
2. So soll zum Beispiel das alte / altes Konzertgebäude renoviert werden.
3. Die alte / alten Brücke am Kloseplatz wird abgerissen und durch einen neue / neuen Tunnel ersetzt.
4. Außerdem soll man künftig mit umweltfreundliche / umweltfreundlichen Elektrobussen überall hinfahren können.
5. Das aktuelle / aktuelles Freizeitangebot soll ausgebaut werden und für junge / jungen und alte / alten Menschen attraktiver werden.
6. Eine Ausweitung der bestehende / bestehenden Grünflächen steht auch zur Diskussion.
7. Ein schöne / schöner See soll im große / großen Park angelegt werden.
8. Neben dem neu angelegter / angelegten See wird dann ein große / großer Spielplatz für kleine / kleinen und große / großen Kinder gebaut.
9. Dort ist auch eine neue / neuer Sportanlage geplant, die von allen Bürgern und Bürgerinnen genutzt werden kann.
10. Mit dem Bau eines modernes / modernen Schulhauses in der Weststadt wurde bereits begonnen.
11. Breite / Breiten Radwege und ein neuer / neuen U-Bahnhof sind ebenfalls in nahe / naher Zukunft geplant.
12. Die meisten Bürger und Bürgerinnen freuen sich auf die bevorstehende / bevorstehenden Veränderungen.

48 Ergänzen Sie die Adjektivendungen.

B1+

Mit diesen Hausmitteln bleiben Sie gesund

Natürlich müssen Sie einen Arzt oder eine Ärztin aufsuchen, wenn Sie ernsthaft krank sind. Aber gegen viele klein............. (1), alltäglich............. (2) Probleme helfen oft lang bekannt............. (3) Hausmittel oder auch die Änderung bestimmt............. (4) Verhaltensweisen:

A Sie können abends oft nicht einschlafen? Machen Sie am früh............. (5) Abend einen lang............. (6) Spaziergang, so können Sie gut abschalten und den stressig............. (7) Alltag vergessen. Hören Sie abends ruhig............. (8) Musik und entspannen Sie sich mit einem interessant............. (9) Buch. Verzichten Sie ab dem Nachmittag auf koffeinhaltig............. (10) Getränke und nehmen Sie abends keine fett............. (11) Speisen zu sich. Die optimal............. (12) Temperatur im Schlafzimmer liegt übrigens bei 15 Grad.

B Besonders in der kalt............. (13) Jahreszeit plagen uns häufig stark............. (14) Erkältungen. Einfach............. (15) Hausmittel können oft die belastend............. (16) Beschwerden lindern. Trinken Sie eine heiß............. (17) Zitrone mit frisch............. (18) Ingwer und Honig. Auch eine selbst gekocht............. (19) Hühnersuppe verbessert den allgemein............. (20) Gesundheitszustand. Ein warm............. (21) Bad mit Menthol hilft bei unangenehm............. (22) Rü-

ckenschmerzen. Wer erhöht............. (23) Temperatur hat, sollte im Bett bleiben.

C Stärken Sie Ihr geschwächt............. (24) Immunsystem, indem Sie viel vitaminreich............. (25) Obst und Gemüse essen. Vitamin C ist für eine stark............. (26) Gesundheit unverzichtbar. Gehen Sie so oft wie möglich an die frisch............. (27) Luft. Trinken Sie genügend, am besten still............. (28) Wasser. Unternehmen Sie schön............. (29) Dinge, die Ihnen Spaß machen, gehen Sie z. B. mit alt............. (30) Freundinnen und Freunden ins Kino oder widmen Sie sich einem neu............. (31) Hobby.

49 **Restaurants in meiner Stadt. Ergänzen Sie die Adjektive in der richtigen Form.**

C1
1. In der Stadt gibt es einige .... (neu) Restaurants, wo man etliche ....
   (international) Gerichte probieren kann.
2. Menschen, die sich gesund ernähren möchten, finden ebenso viele .... (gut) Angebote.
3. Während es früher nur wenige .... (vegetarisch) Restaurants gab, ist die Auswahl
   inzwischen sehr groß.
4. Online ist das Angebot an Rezepten riesig. Wer will, kann jeden Tag irgendwelche ....
   (interessant) Gerichte ausprobieren.
5. In jedem .... (gut sortiert) Supermarkt findet man auch alle ....
   (benötigt) Zutaten und Gewürze.
6. In meinem Stadtviertel gibt es auch einige .... (klein) Läden, die Kochkurse anbieten.

Vergleiche anstellen: Komparativ und Superlativ → **B1+ K6** M3

Dienstag

Mittwoch

Freitag

Grundform (Positiv) **ohne Nomen**	**Komparativ** **ohne Nomen**	**Superlativ** **ohne Nomen**
keine Endung: Am Dienstag war Lena glücklich.	Adjektiv + **-er** Am Mittwoch war Lena glücklich**er** als am Dienstag.	**am** + Adjektiv + **-(e)sten** Am Freitag war Lena **am** glücklich**sten**.
vor einem Nomen Adjektiv + Endung: Das war ein schön**er** Tag für Lena.	**vor einem Nomen** Adjektiv + **-er** + Endung: Heute war für Lena ein schön**erer** Tag als gestern.	**vor einem Nomen** Adjektiv + **-(e)st** + Endung Freitag war der schön**ste** Tag in Lenas Leben.
	❗ einsilbige Adjektive oft mit Umlaut (stark – st**ä**rker) ❗ Adjektive auf -*el* und -*er* ohne -*e* (dunkel – dun**kl**er)	❗ immer mit bestimmtem Artikel oder Possessivartikel ❗ Adjektive auf -*d*, -*t*, -*sch*, -*ß*, -*s* mit -*e* (heiß – am heiß**e**sten / der heiß**e**ste Tag)

ACHTUNG

gut – besser – am besten   gern – lieber – am liebsten   viel – mehr* – am meisten
groß – größer – am größten   hoch – höher – am höchsten   nah – näher – am nächsten

* Die Komparative *mehr* und *weniger* werden ohne Adjektivendung verwendet: Ich will wieder mehr
Freunde treffen.

Vergleiche mit *als* und *wie*

*(genau)***so** + Grundform + **wie**
Sie ist **so** wütend **wie** ich.
Komparativ + **als**
Sie ist wütend**er** **als** ich.

Ordinalzahlen vor dem Superlativ

Ordinalzahlen können Bewertungen in eine Reihenfolge bringen:
Tim ist mein **zweit**ältester Freund.
Lyon ist die **dritt**größte Stadt Frankreichs.

ABER: Das **erstbeste** Hotel = das erste Hotel, das ohne Nachdenken gewählt wurde.
Mit dem erstbesten Hotel hatten wir kein Glück.

50 **Gespräche. Ergänzen Sie die Adjektive im Komparativ oder Superlativ. Achten Sie auf die Endungen.**

B1+

1. ● Was für ein Spiel! Fußball ist einfach der

   .... (spannend) Sport, den es gibt.

   ○ Also, ich weiß nicht. Ich finde Basketball viel

   .... (interessant) als Fußball.

2. ● Welches T-Shirt gefällt dir .... (gut):

   das rote oder das blaue?

   ○ Das blaue. Aber das .... (cool) T-Shirt

   von allen ist das hier.

3. ● Wir haben ewig nichts mehr zusammen gemacht.

   Früher sind wir viel .... (oft) zusammen

   ausgegangen und haben .... (viel) Zeit

   miteinander verbracht.

   ○ Stimmt. Dann zeige ich dir jetzt die .... (gemütlich) Bar der ganzen Stadt.

   Hast du Zeit?

4. ● Ach, das war die .... (toll) Städtereise, die wir je gemacht haben.

   ○ Ja, und die .... (teuer). Das nächste Mal müssen wir wirklich eine .... (billig)

   Unterkunft finden.

5. ● Sollen wir in die Mensa gehen oder doch .... (gern) ins Café?

   ○ Ich muss echt .... (wenig) Geld ausgeben, deshalb habe ich heute einen Salat dabei.

   ● Oh, sehr gut! Das ist ja auch viel .... (gesund) als wieder ein Sandwich im Café.

6. ● Pietro ist einer der .... (nett) Menschen, die ich kenne.

   ○ Na ja, er ist auf jeden Fall .... (sympathisch) als sein Freund.

7. ● Heute ist es ja noch .... (warm) als gestern. Ich brauche unbedingt eine

   .... (dünn) Jacke zum Joggen.

   ○ Dann geh doch mal zu „Sport Wagner". Die haben die .... (günstig) Sportkleidung.

8. ● Das ist aber ein schönes Gebäude.

   ○ Das ist die Uni. Wusstest du, dass das die .... (zwei – alt) Universität

   in Deutschland ist?

Partizip I und II als Adjektiv → **B2 K3** M1 / **C1 K7** M3

Partizip I als Adjektiv Bedeutung: aktiv und gleichzeitig	**Partizip II als Adjektiv** Bedeutung: meistens passiv und gleichzeitig oder früher

· arbeitende Menschen =
  Menschen, die arbeiten
	· festgelegte Zeiten =
	  Zeiten, die festgelegt werden / wurden

Bildung: Infinitiv + *d* + Adjektivendung	Bildung: Partizip II + Adjektivendung
	Partizip II als Adjektiv hat normalerweise eine passivische Bedeutung. Ausnahme: einige Verben, die das Perfekt mit *sein* bilden, haben aktivische Bedeutung: · der angekommene Zug · der gewachsene Verkehr · die gestiegenen Zahlen

Partizipien können als Adjektive verwendet werden. Sie werden dekliniert.

Das Partizip I kann auch als Adverb verwendet werden:
· Die Kinder laufen lachend über die Straße.

Man kann die Partizipien auch erweitern:
· spielende Kinder → auf der Straße spielende Kinder

Erweiterte Partizipialattribute sind dann sinnvoll, wenn man viele Informationen in einem Satz unterbringen will. Daher werden sie vor allem in der akademischen und bürokratischen Schriftsprache verwendet.

Der reale Spareffekt, der durch eine gezielte Einsparung **entsteht**, wird oft überschätzt.
Der durch eine gezielte Einsparung **entstehende** reale Spareffekt wird oft überschätzt.

Die Erweiterung des Partizips erfolgt durch zusätzliche Angaben und Ergänzungen:
· der **entstehende** Spareffekt
· der **durch eine Einsparung** entstehende Spareffekt
· der durch eine **gezielte** Einsparung entstehende Spareffekt

Ebenso:
· der durch eine gezielte Einsparung **entstandene** Spareffekt

Das erweiterte Partizip steht zwischen dem Artikel (falls vorhanden) und dem Nomen, z. B.:
· **Der** durch eine gezielte Einsparung entstehende reale **Spareffekt** wird oft überschätzt.
· Durch eine gezielte Einsparung entstehende reale **Spareffekte** werden oft überschätzt.

Gibt es ein zusätzliches Adjektiv, steht es meist nach dem erweiterten Partizipialattribut.
· Der durch eine gezielte Einsparung entstehende **reale** Spareffekt wird oft überschätzt.

---

51 **Gedanken über die Zukunft. Ergänzen Sie die Verben im Partizip I oder II.**

B2 backen • anstrengen • herstellen • zerstören • blühen • fliegen • aufräumen • zubereiten • putzen • kochen

1. Was es wohl in der Zukunft alles gibt? Vielleicht stehen wir nie mehr im Stau, weil es bald .... Autos gibt. Aber ich hätte gern einen selbst .... Herd, sodass immer eine frisch .... Mahlzeit auf dem Tisch steht, wenn ich nach Hause komme – und am besten auch ein gerade .... Kuchen.

2. Ich hätte gerne einen .... Roboter, der für eine .... und saubere Wohnung sorgt. Dann muss ich nie mehr staubsaugen und kann mich nach einem .... Arbeitstag wunderbar auf dem Sofa entspannen.

3. Vielleicht gibt es in den Städten keine .... Blumen mehr, sondern nur noch Häuser und Straßen und die Menschen haben sich mit der .... Umwelt abgefunden. Oder es geschieht das Gegenteil und es gibt überall grüne Oasen.

4. Ich hoffe, dass die Menschen der Zukunft nur umweltfreundlich .... Produkte kaufen werden.

52 An der Uni. Formen Sie um und ergänzen Sie das Partizipialattribut.

C1
1. die Professorin, die geschätzt wird (von allen Studierenden)
2. das Labor, das jetzt ausgestattet ist (mit modernsten Geräten)
3. die Universität, die im Jahr 1475 gegründet wurde (bereits)
4. das Wohnheim, das modernisiert wurde (erst kürzlich)
5. die Studie, die in einer Fachzeitschrift veröffentlicht wurde (letzten Monat)
6. die Studierenden, die an einem Forschungsprojekt arbeiten (intensiv)
7. das Sommerfest, das von vielen Menschen besucht wurde (trotz des Regens)
8. die Vorlesung, die gerade stattfindet (in Saal A.21)

1. die von allen Studierenden geschätzte Professorin

Modales Partizip (Gerundiv) → C1 K8 M1

Das modale Partizip ist eine Alternative für einen Relativsatz im Passiv mit Modalverb (können, müssen / sollen, nicht dürfen).
- die **zu erwartenden** Folgen = die Folgen, die erwartet werden können
- die **zu vermittelnden** Werte = die Werte, die vermittelt werden müssen / sollen
- eine **nicht zu unterschätzende** Rolle = eine Rolle, die nicht unterschätzt werden darf

Modale Partizipien findet man in formellen Texten wie Gesetzen, Regelungen, Anweisungen oder in erklärenden Sachtexten.
Das modale Partizip wird aus *zu* + Partizip I gebildet. Es steht vor einem Nomen und wird deshalb wie ein Adjektiv dekliniert.
- Die Gesellschaft steht vor **einem** schwer zu lösend**en** Problem.
- Die Menge **der** schwer zu lösend**en** Probleme hat zugenommen.

---

53 Ärger mit der Technik. Formen Sie die Relativsätze in modale Partizipien um.

C1
1. ein Computer, der repariert werden muss   *ein zu reparierender Computer*
2. die Datei, die man nicht öffnen kann
3. eine Webseite, die programmiert werden soll
4. Fotos, die man nicht löschen darf
5. ein Schaden, den man nicht abschätzen kann
6. ein Fehler, der nur schwer behoben werden kann
7. ein Gerät, das ersetzt werden muss
8. das Programm, das neu installiert werden muss

PRONOMEN

Indefinitpronomen → **B2 K4** M3

Indefinitpronomen beschreiben Personen, Orte, Zeiten und Dinge, die nicht genauer definiert werden.
So bekommen Aussagen mit Indefinitpronomen einen unbestimmten, allgemeinen Charakter.

Nominativ	man	(k)ein**er** / (k)ein**s** / (k)ein**e**	jemand	niemand	irgendw**er**
Akkusativ	ein**en**	(k)ein**en** / (k)ein**s** / (k)ein**e**	jemand**en***	niemand**en***	irgendw**en**
Dativ	ein**em**	(k)ein**em** / (k)ein**em** / (k)ein**er**	jemand**em***	niemand**em***	irgendw**em**

* In der gesprochenen Sprache wird im Akkusativ und Dativ auch die Form des Nominativs verwendet:
- ● Hast du **jemand** getroffen, den du kennst?   ○ Nein, **niemand**.

	Indefinitpronomen	**Negation**
Person	man, jemand, einer, irgendwer	niemand, keiner
Ort	irgendwo, irgendwohin, irgendwoher	nirgendwo, nirgends, nirgendwohin, nirgendwoher
Zeit	irgendwann	nie, niemals
Dinge	irgendetwas*, etwas*, einer / eins / eine	nichts, keiner / keins / keine

* In der Umgangssprache wird aus *etwas* oft *was*:
- ● Hast du irgend**was** von Yasmine gehört?   ○ Ich nicht, aber Malte hat sie **was** geschrieben.

54 **Ein Gespräch in der Mittagspause. Ergänzen Sie passende Indefinitpronomen.**

B2
- ● Jetzt suche ich schon ewig mein Handy.
- ○ (1) .... muss es ja sein. Hast du schon in deiner Tasche nachgeschaut?
- ● Natürlich. Oh, da ist es ja! Lass uns doch (2) .... gehen, einen Kaffee trinken und
  (3) .... essen.
- ○ Ja, klar. Wo ist denn hier ein Café?
- ● Ach, guck mal, dort ist (4) ....
- ○ Oh, ich habe gar kein Geld dabei. Kannst du mir (5) .... leihen?
- ● Tut mir leid, ich habe auch (6) .... dabei. Aber ich kann mit Karte zahlen und du gibst mir
  das Geld einfach (7) .... wieder. Wir sehen uns ja öfter.
- ○ Super, danke! Siehst du einen freien Tisch? Ah, da hinten sitzt (8) .... Komm schnell!
- ● Ich verstehe gar nicht, wie Leute in Cafés mit ihrem Laptop arbeiten können. Der Lärm geht
  (9) .... doch auf die Nerven. Da kann (10) .... sich gar nicht konzentrieren.
- ○ Daran gewöhnt man sich schnell und dann macht es (11) .... nichts mehr aus. Ich arbeite
  auch gern im Café, manchmal auch mit Kopfhörern.
- ● Hm. Ich nehme einen Salat mit Schafskäse. Und du?
- ○ Ich nehme auch (12) .... und noch ein Sandwich dazu. Jetzt würde ich aber gern mal
  bestellen. Warum kommt denn hier (13) ....?
- ● Ja, komisch. Hier ist (14) .... ein Kellner oder eine Kellnerin zu sehen.
- ○ Was machst du denn am Wochenende? Hast du (15) .... geplant?
- ● Mal sehen, Katja und ich wollen (16) .... fahren. Vielleicht in die Berge.

Das Wort *es* → B2 K5 M1

Obligatorisches *es* (als Subjekt)

bei Wetterverben	es nieselt / regnet / hagelt / schneit / donnert / blitzt / gewittert / stürmt
bei Tages- und Jahres-zeiten oder Zeitangaben	Es ist Morgen. Es wird Nacht. Es wird Frühling. Es ist schon spät. Es ist 8 Uhr.
bei Naturerscheinungen oder Geräuschen	Es ist dunkel. Es klingelt.
in festen Wendungen als Subjekt	es geht, es gibt, es ist, es eilt, es fehlt an (+ Dat.), es geht um (+ Akk.), es handelt sich um (+ Akk.), es klappt mit (+ Dat.), es kommt auf (+ Akk.) an
in festen Wendungen **als Objekt** (nie auf Position 1)	es abgesehen haben auf (+ Akk.), es eilig haben, es gut / schlecht haben, es gut / schlecht meinen mit (+ Dat.), es sich gut gehen lassen, es weit bringen

es als Platzhalter für *dass*-Sätze, Infinitiv + *zu* oder indirekte Fragesätze

Es	ist	nervig,	**dass** ständig irgendwas blinkt.
Dass ständig irgendwas blinkt,	ist	nervig.	
Es	lohnt	sich,	in der App nach**zu**sehen.
In der App nach**zu**sehen,	lohnt	sich.	
Es	ist	doch egal,	**ob** die App Regen vorhersagt oder nicht.
Ob die App Regen vorhersagt oder nicht,	ist	doch egal.	

Position 1	2		

Wenn der *dass*-Satz, der Infinitiv + *zu* oder der indirekte Fragesatz auf Position 1 steht, entfällt das Wort *es*.

---

55 **Zehn Mal *es*. Markieren Sie, wo im Text *es* fehlt.**

B2

1 Im Berufsalltag ist ~~es~~ oft schwer, sich zu entspannen

2 und abzuschalten. Doch statt sich nach Feierabend

3 gut gehen zu lassen, grübeln viele Arbeitnehmende

4 noch über ihren Arbeitstag nach. Dabei ist auch

5 normal, dass ab und zu Schwierigkeiten im Team gibt.

6 Bei Problemen mit Kollegen und Kolleginnen kommt

7 darauf an, diese nicht zu persönlich zu nehmen und

8 nicht emotional zu reagieren. Oft fehlt einfach an

9 Distanz. Machen Sie sich klar, dass normalerweise gar

10 nicht um Sie geht, wenn jemand im Büro mal wieder schlecht gelaunt ist. Und manche Projekte sind

11 schwierig, aber bringt einen auch nicht weiter, wenn man ständig darüber nachdenkt. Meistens ist viel

12 besser, an etwas ganz anderes zu denken und am nächsten Tag mit neuem Schwung an die Arbeit zu

13 gehen. Auch wenn der oder die Vorgesetzte wieder mal besonders eilig hat, sollte man versuchen, sich

14 davon nicht stressen zu lassen. Manche Dinge brauchen einfach ein bisschen mehr Zeit.

56 So ein Wetter! Formulieren Sie die Sätze um und beginnen Sie mit dem unterstrichenen Satzteil.
B2   Entfällt *es* oder nicht?

1. Es regnet <u>schon wieder</u> den ganzen Tag.
2. Es ist nicht schön, <u>dass wir unseren Ausflug noch einmal verschieben müssen</u>.
3. Es ist bei diesem Wetter nicht möglich, <u>eine Radtour zu machen</u>.
4. Es schneit <u>vielleicht</u> sogar.
5. Ich finde es wirklich ärgerlich, <u>dass wir zu Hause bleiben müssen</u>.
6. Es ist auch nicht klar, <u>ob wir die Radtour dann nächstes Wochenende machen können</u>.

PRÄPOSITION

Zeitangaben machen: temporale Präpositionen → **B1+ K7** M3

mit Akkusativ	mit Dativ	mit Genitiv
bis nächsten Mittwoch **für** eine Woche **gegen** Mittag **über** eine Woche **um** drei Uhr **um** Ostern **herum** (von Montag) **bis** Freitag	**ab** diesem Moment **am** Wochenende **beim** Einkaufen **in** den ersten Wochen **nach** den ersten Wochen **seit** der Aktion / letztem Jahr **von** Anfang **an** **von** Montag (bis Freitag) **vor** drei Jahren **zwischen** 12 und 13 Uhr	**innerhalb** einer Woche **außerhalb** der Arbeitszeit **während** meines Urlaubs

Ich lebe schon **über** zwei Jahre in dieser Wohnung.
Um Ostern **herum** habe ich immer frei.
Während meines Urlaubs habe ich die Wohnung renoviert.
Seit der Renovierung gefällt mir die Wohnung noch besser.
Komm doch **am** Wochenende mal zu mir!

57 Urlaubspläne. Welche temporale Präposition passt? Ordnen Sie zu.
B1+

an • außerhalb • beim • für • im • im • in • nach • seit • um • um … herum • von … an •
von … bis • vor • vor • während • zwischen

> **Tipps für einen gelungenen Urlaub**
>
> 1. Fahren Sie am besten .... der Schulferien in den Urlaub. Das ist billiger!
> 2. .... Ostern oder .... Weihnachten .... ist es in vielen Gegenden am teuersten.
> 3. In vielen Ländern ist es .... Frühling oder Herbst besonders schön.
> 4. Planen Sie Ihre Reise gut, damit sie .... Anfang .... Ende ein Erfolg ist.
> 5. .... der Reservierung einer Unterkunft sollten Sie recherchieren, wie diese bewertet wird.
> 6. Erkundigen Sie sich, welche Veranstaltungen .... Ihres Aufenthalts an Ihrem Urlaubsort stattfinden. Wenn Sie etwas besonders interessiert, sollten Sie sich bereits .... Ihrer Anreise um Tickets kümmern.
> 7. Überlegen Sie genau, ob es sich lohnt, ... vier oder fünf Tage eine lange Fahrt auf sich zu nehmen, oder ob Sie sich nicht auch in der Nähe erholen können.
> 8. Fahren Sie .... vielen Jahren immer ans Meer? Probieren Sie doch mal etwas Neues aus und fahren Sie zum Beispiel mal in die Berge! Das kann sehr inspirierend sein.

9. Um Ihren Urlaub .... Anfang .... genießen zu können, sollten Sie keine Arbeitsmails lesen. Vielen tut es auch gut, sich eine Weile von Social Media fernzuhalten.

10. Sie schlafen .... den ersten Nächten in einem fremden Bett nicht so gut? Nehmen Sie sich ein eigenes kleines Kissen mit.

11. .... 11 und 15 Uhr ist die Sonne sehr intensiv. Achten Sie unbedingt auf ausreichenden Sonnenschutz, besonders .... Schwimmen.

12. Stehen Sie doch auch im Urlaub mal .... 6 Uhr auf und erleben Sie den Sonnenaufgang.

13. Versuchen Sie, ... der Reise das Urlaubsgefühl noch so lange wie möglich zu halten. Erinnern Sie sich an die Leichtigkeit und gute Laune, die Sie .... Urlaub empfunden haben.

Ortsangaben machen: lokale Präpositionen → B1+ K4 M1

Wechselpräpositionen
an, auf, hinter, in, neben, über, unter, vor, zwischen

Wohin?
Präposition + Akkusativ
Sie legt die Sachen **in den** Schrank.

Wo?
Präposition + Dativ
Die Sachen liegen **im** Schrank.

Die lokalen Präpositionen *an, auf, hinter, in, neben, über, unter, vor* und *zwischen* werden mit Dativ oder Akkusativ verwendet. Man nennt sie Wechselpräpositionen.

Präpositionen mit festem Kasus	
mit Akkusativ	bis, durch, entlang*, gegen, um, um … herum
mit Dativ	ab, aus, bei, gegenüber (von), nach, von, von … aus, zu
mit Genitiv	außerhalb, entlang*, innerhalb

** Wir laufen **die** Gehwege entlang.*   nachgestellt mit **Akkusativ**
*Wir laufen entlang **des** Flusses.*   vorangestellt mit **Genitiv**

---

58 **Im Urlaub. Was ist richtig? Kreuzen Sie an.**

B1+

1. ● Entschuldigung, wo bitte ist der Marktplatz?
   ○ Gehen Sie a über die Brücke und dann rechts.
      b über der Brücke und dann rechts.

2. ● Was machen wir heute Abend?
   ○ Kochen wir schön a in die Ferienwohnung?
      b in der Ferienwohnung?

3. ● Wo ist Jakob?
   ○ Der liegt schon a an den Strand.
      b am Strand.

4. ● Wir könnten heute mal a ins Museum gehen.
      b im Museum gehen.
   ○ Gute Idee!

5. ● Wo steht denn mein Rucksack?
   ○ Den habe ich a vor das Bett gestellt.
      b vor dem Bett gestellt.

6. ● Wie ist dein Zimmer?
   ○ Na ja, es liegt genau a neben den Parkplatz.
      b neben dem Parkplatz.

7. ● Wo ist der Schlüssel?
   ○ Ich habe ihn vorhin a auf den Tisch gelegt.
      b auf dem Tisch gelegt.

8. ● Und wo ist dieses süße Café?
   ○ Das ist gleich a hinter die Kirche.
      b hinter der Kirche.

9. ● Kommst du mit a ins Zentrum?
      b im Zentrum?
   ○ Ja, gern.

10. ● Hast du mein Duschgel gesehen?
   ○ Das liegt bestimmt a unter die Handtücher.
      b unter den Handtüchern.

Präpositionen mit Genitiv → B1+ K5 M1 / C1 K9 M3

Grund / Folge	Gegengrund / Widersprüchliches	Zeit	Ort
wegen, aufgrund, infolge	trotz	während, außerhalb, innerhalb	außerhalb, innerhalb

Viele Präpositionen mit Genitiv sind von einem Nomen oder Verb abgeleitet, deshalb kann man ihre Bedeutung leicht verstehen.

angesichts:	das Gesicht (vor dem Gesicht = beim Anblick)
anhand:	die Hand (man hat etwas in der Hand, was man nutzen kann)
anlässlich:	der Anlass (für diesen Anlass / wegen dieses Anlasses)
anstelle:	die Stelle (an der Stelle von etwas anderem)
dank:	der Dank (Dank für etwas → Angabe eines positiven Grundes)
inmitten:	die Mitte (in der Mitte von)
mangels:	der Mangel (es herrscht ein Mangel an …)
mithilfe:	die Hilfe (mit der Hilfe von etwas / jdm.)
mittels:	das Mittel (mit diesem Mittel)
seitens:	die Seite (von ihrer / seiner Seite)
ungeachtet:	achten / beachten (ohne darauf zu achten)
zugunsten:	die Gunst (= der Vorteil, zum Vorteil von etwas / jdm.)
zwecks:	der Zweck (für diesen Zweck / dieses Ziel)

Beispiele:
- Dank des schönen Wetters konnten wir einen Ausflug machen.
- Mithilfe einer App fanden wir den Weg ganz leicht.
- Inmitten des Parks steht ein großer Brunnen.

---

59 **Mein Ferienjob. Schreiben Sie Sätze.**

B1+

1. während – die Semesterferien / viele Studierende / arbeiten
2. trotz – die große Konkurrenz / gefunden haben / einen gut bezahlten Job im Café / ich
3. aufgrund – der Job / ich / wegfahren / nicht
4. innerhalb – die eigene Stadt / auch viel / unternehmen können / man
5. infolge – das schöne Wetter / viele Gäste / kommen / ins Café
6. außerhalb – die Saison / weniger / los sein

60 **Wohnungsnot. Unterstreichen Sie die passende Präposition und ergänzen Sie den Artikel im Genitiv.**

C1

1. Angesichts – Mangels .... (die) Wohnungsnot in vielen Städten ist es für Studierende schwierig, eine Wohnung zu finden.

2. Anhand – Anstelle .... (eine) eigenen Wohnung ist ein WG-Zimmer oft günstiger.

3. Mithilfe – Zugunsten .... (ein) guten Netzwerks ist es leichter, eine Unterkunft zu finden.

4. Ungeachtet – Zwecks .... (die) höheren Preise würde ich gerne im Zentrum wohnen.

5. Bei der letzten Besichtigung hat sich der Vermieter leider dank – zugunsten .... (eine) anderen Bewerberin entschieden.

6. Mein Bruder ist seitens – zwecks .... (seine) Ausbildung in die Nähe von Heidelberg gezogen.

7. Seine Wohnung liegt inmitten – mittels .... (die) Natur.

8. Anhand – Anlässlich .... (die) Fotos, die er ständig schickt, weiß ich, wie schön die Wohnung ist.

Nomen, Verben und Adjektive mit Präposition → B2 K8 M1

Oft gibt es zu einem Wortstamm Nomen, Verben und Adjektive. Meist haben die Verben oder Adjektive die gleiche Präposition wie das Nomen.

Nomen	Verben	Adjektive
die Abhängigkeit von (+ Dat.)	abhängen von (+ Dat.)	abhängig von (+ Dat.)
die Antwort auf (+ Akk.)	antworten auf (+ Akk.)	—
der Ärger über (+ Akk.)	sich ärgern über (+ Akk.)	verärgert über (+ Akk.)
die Begeisterung für (+ Akk.)	sich begeistern für (+ Akk.)	! begeistert von (+ Dat.)
die Beschäftigung mit (+ Dat.)	sich beschäftigen mit (+ Dat.)	beschäftigt mit (+ Dat.)
die Entscheidung für (+ Akk.)	sich entscheiden für (+ Akk.)	entscheidend für (+ Akk.)
die Enttäuschung über (+ Akk.)	! jemanden enttäuschen	! enttäuscht von (+ Dat.)
die Freude auf / über (+ Akk.)	sich freuen auf / über (+ Akk.)	erfreut über (+ Akk.)
der Gedanke an (+ Akk.)	denken an (+ Akk.)	—
die Hilfe bei (+ Dat.)	helfen bei (+ Dat.)	hilfreich bei (+ Dat.)
das Interesse an (+ Dat.) / für (+ Akk.)	sich interessieren für (+ Akk.)	! interessiert an (+ Dat.)
die Neugier auf (+ Akk.)	—	neugierig auf (+ Akk.)
die Sorge um (+ Akk.)	sich sorgen um (+ Akk.)	besorgt um (+ Akk.)
der Stolz auf (+ Akk.)	—	stolz auf (+ Akk.)
das Vertrauen in (+ Akk.)	! jemandem vertrauen	! vertraut mit (+ Dat.)
die Zufriedenheit mit (+ Dat.)	—	zufrieden mit (+ Dat.)

Nomen, Verben und Adjektive mit Präposition können auch mit Präpositionaladverbien verwendet werden, wenn es um eine Sache oder ein Ereignis geht.

- ● **Worauf** freust du dich?   ○ Auf das Event.
- ● Freust du dich auf das Event?   ○ Klar. Ich freue mich sehr **darauf**!

---

61 In der Buchhandlung. Was passt zusammen? Verbinden Sie.

B2

1. Viele Leser und Leserinnen warten ungeduldig
2. Nicht immer ist die Suche
3. Die Buchhandlungen sind gern behilflich
4. Sind Sie aufgeschlossen
5. Und sind Sie begeistert
6. Seit einigen Jahren ist das Interesse
7. Auch Liebesromane sind beliebt
8. Viele Menschen teilen die Begeisterung
9. In zahlreichen Ratgebern findet man auch Antworten
10. In Buchclubs diskutieren die Mitglieder

A gegenüber neuen Autoren und Autorinnen?
B bei vielen Menschen.
C über den Inhalt und die Qualität von Büchern.
D nach einer spannenden Lektüre einfach.
E für historische Romane.
F auf die Neuerscheinungen.
G an Krimis und Thrillern stark gestiegen.
H bei der Wahl eines spannenden Buchs.
I auf viele Fragen des Lebens.
J von ungewöhnlichen Geschichten?

62 Der Kochclub. Ergänzen Sie die Präpositionen.

B2

Stell dir vor, ich habe einen Kochclub gegründet! Dachte, es wäre schön, sich ab und zu (1) .... anderen Kochfans zu treffen.

Hey, das wolltest du doch schon so lange machen. Ich bin stolz (2) .... dich!

Danke! Ich habe ein paar Leute, (3) .... denen ich befreundet bin, gefragt und alle waren (4) .... der Idee begeistert. Schade, dass du so weit weg wohnst!

Wer kann denn alles (5) .... dem Kochclub mitmachen? Muss man schon perfekt kochen können?

Nee, wichtig ist nur die Liebe (6) .... gutem Essen. Die regelmäßige Teilnahme (7) .... den Treffen ist aber Bedingung (8) .... die Mitgliedschaft.

Und wenn man mal keine Zeit hat?

Man muss nur rechtzeitig absagen, wenn man (9) .... einem Treffen mal nicht anwesend sein kann, damit nicht zu viel eingekauft wird.

Und wie laufen diese Treffen dann ab?

Also, zwei Personen sind jeweils (10) .... die Auswahl des Gerichts verantwortlich. Sie entscheiden sich (11) .... ein Rezept und kaufen ein. Gekocht wird dann gemeinsam.

Und was ist, wenn jemand (12) .... bestimmte Lebensmittel allergisch reagiert?

Das sollte natürlich vorher bekannt sein, damit man sich (13) .... solche Sachen keine Sorgen machen muss. Außerdem kochen wir nur vegetarisch!

Klingt super, dein Kochclub! Schade, dass es den hier auf dem Dorf nicht gibt! Ich liebe Kochen und beschäftige mich so gerne (14) .... den neuesten Foodtrends!

Sprich doch mal (15) .... deinen Nachbarn und Nachbarinnen, vielleicht haben die ja Lust (16) .... einen Kochclub! Der Austausch (17) .... anderen Leuten, die leidenschaftlich gern kochen, macht einfach mehr Spaß, als allein neue Rezepte auszuprobieren.

Das mach ich! Muss jetzt erst mal einkaufen! 😊

63 Populär durch gutes Essen. Ergänzen Sie das Präpositionaladverb.

B2
1. Meine Schwester kann richtig gut kochen. .... bin ich ein bisschen neidisch, denn ich bin in der Küche wirklich eine Niete.
2. Sie kocht oft für Freunde und Freundinnen und ist bekannt ...., dass sie ungewöhnliche Zutaten miteinander kombiniert.
3. Jetzt hat sie einen Social-Media-Kanal, wo es .... geht, schnelle Rezepte zu präsentieren.
4. Ich bin richtig gespannt ...., wie viele Follower/innen sie haben wird. Denn sie ist wirklich super! Sie hat einfach ein gutes Gefühl ...., was den Leuten gefällt.
5. Sie träumt auch ...., ein eigenes Restaurant zu eröffnen. .... würde ich sie auf jeden Fall unterstützen.

SATZ

Reihenfolge von Angaben (tekamolo)   → B2 K1 M1 / C1 K1 M3

Die Angaben im Mittelfeld eines Satzes stehen meistens in dieser Reihenfolge:
temporal (Wann? Wie oft? Wie lang?) – **ka**usal (Warum?) – **mo**dal (Wie? Womit?) – **lo**kal (Wo? Wohin? Woher?)
· Ich bin vor Kurzem aus privaten Gründen spontan nach Bern gezogen.
· Ich bin nach dem Abitur wegen meines Studiums hoch motiviert nach München gegangen.

Um abwechslungsreicher zu formulieren oder um etwas besonders zu betonen, kann man Angaben auf Position 1 stellen.
· Vor Kurzem bin ich aus privaten Gründen spontan nach Bern gezogen.

Reihenfolge von Angaben und Ergänzungen

Eine Ergänzung (Objekt) hängt immer vom Verb ab und ist oft notwendig, um den Satz grammatikalisch korrekt zu machen. Eine Angabe dagegen ist im Satz optional.
· Die Immo-AG vermietet <u>Wohnungen</u> in Hamburg.
(Der Satz könnte auch ohne *in Hamburg* stehen, ohne *Wohnungen* wäre er aber nicht vollständig.)

Dativergänzung → meistens vor der temporalen Angabe:
· Vittoria hat <u>den alten Freunden</u> täglich geschrieben.

Akkusativergänzung → meistens vor oder nach der lokalen Angabe:
· Valentin hat letztes Jahr <u>eine Menge Leute</u> in Wien kennengelernt.
· Valentin hat letztes Jahr in Wien <u>eine Menge Leute</u> kennengelernt.

Dativ- und Akkusativergänzung: Dativ vor Akkusativ
· Ich zeige <u>meiner Familie</u> <u>meine neue Wohnung</u> in Bern.
ABER: Akkusativ = Pronomen: Akkusativ vor Dativ
· Die Wohnung ist super. Ich zeige <u>sie</u> <u>meiner Familie</u>.

Pronomen, auch Reflexivpronomen, stehen meist am Anfang des Mittelfelds. Ist die Akkusativergänzung ein Pronomen, steht sie direkt nach dem Verb an erster Stelle.
· Ich freue **mich** schon seit Wochen auf den Umzug.
· Ich habe **mir** gestern <u>ein Zimmer</u> angesehen. → Ich habe <u>es</u> **mir** gestern angesehen.

Präpositionalergänzung → meistens am Ende:
· Anna hat sich letztes Jahr wegen ihres Jobs <u>zu einem Umzug</u> entschlossen.
Zwei Präpositionalergänzungen: erst die Person
· Ich habe <u>mit dem Vermieter</u> <u>über die Renovierung</u> gesprochen.

Oft gibt es mehrere Möglichkeiten, einen Satz zu bilden. Aber mit der Reihenfolge *tekamolo* und den Regeln zu den Ergänzungen bilden Sie immer korrekte Sätze.

64 Ergänzen Sie die Pronomen.

B2

1. ● Sag mal, hat Nico dir schon die Kalkulation geschickt?
   ○ Ja, ... hat .... bereits letzte Woche gesendet.

2. ● Kaufst du dir jetzt eigentlich den Laptop?
   ○ Na, ... habe .... doch schon gekauft. Guck mal hier!

3. ● Was ist mit dem Bericht, Mila?
   ○ Aber .... habe .... doch schon gegeben!

4. ● Das ist ein tolles Buch! .... kann .... nur empfehlen, Herr Domke!
   ○ Ah, gut, würden .... denn leihen?

65 **Meine Reise nach Berlin. Bilden Sie Sätze. Beginnen Sie mit dem unterstrichenen Satzteil.**

B2

1. gefahren / mit meiner Freundin Julia / nach Berlin / <u>ich</u> / bin / letzte Woche

2. <u>nach sechs Stunden</u> / wir / am Hauptbahnhof / angekommen / müde und erschöpft / sind

3. ins Hotel / dann / <u>ein netter Taxifahrer</u> / gebracht / hat / uns

4. haben / verbracht / im Wellnessbereich des Hotels / gut gelaunt / <u>den Rest des Nachmittags</u> / wir

5. uns / getroffen / <u>am Abend</u> / wir / mit Freunden / haben / in einem schönen Restaurant

6. wir / im Pergamonmuseum / <u>den nächsten Tag</u> / verbracht / wegen des schlechten Wetters / haben

7. für antike Kunst / leidenschaftlich / <u>Julia</u> / schon immer / interessiert / sich / hat

8. ganz viele Fotos / haben / <u>danach</u> / wir / geschickt / unseren Freundinnen und Freunden / im Gruppenchat

9. eine Stadtrundfahrt / <u>am Samstag</u> / machen / unbedingt / durch die Stadt / wollten / wir

10. <u>leider</u> / vergessen / im Bus / hat / ihren Geldbeutel / am Nachmittag / Julia

11. sofort / lassen / <u>sie</u> / sperren / hat / alle Karten / sehr besorgt

12. bei der Polizei / hat / abgegeben / jemand / am Abend / den Geldbeutel / <u>glücklicherweise</u>

13. sehr schön / die Reise / aufgrund der vielen Erlebnisse / war / <u>trotz der Aufregung</u>

1. Ich bin letzte Woche ...

Aussagen verneinen → B2 K1 M3

Position von *nicht*

Wenn *nicht* die Aussage eines ganzen Satzes verneint, steht es:
- am Ende des Satzes: Viele Jugendliche schaffen ihren Schulabschluss nicht.
- vor dem zweiten Verbteil oder dem Verb im Infinitiv: Das Seniorenheim musste nicht schließen.
- vor Adjektiven und Adverbien: Für viele Menschen ist die Arbeitssuche nicht einfach.
- vor Präpositionalergänzungen: Die Leute haben sich nicht über die Arbeit beklagt.
- vor lokalen Angaben / Ergänzungen: Das Hotel befindet sich nicht in der Innenstadt.

Bei komplexeren Sätzen steht *nicht* meistens vor der modalen Angabe.
- Vorgestern bin ich nicht rechtzeitig im Büro gewesen.

Wenn *nicht* nur ein Wort verneint, steht es direkt vor diesem Wort.
- Nicht <u>das Seniorenheim</u> musste schließen, sondern das Jugendzentrum.
- Das Restaurant ist nicht <u>heute</u> geschlossen, sondern morgen.

Negationswörter

etwas – nichts	mit – ohne
immer – nie / niemals	überall – nirgends / nirgendwo
jemand / alle – niemand / keiner	irgendwo – nirgends / nirgendwo
schon / bereits – noch nicht	schon einmal – noch nie / noch nicht
noch – nicht mehr	

Negationssilben

un- (unglücklich), miss- (missverstehen), des- (das Desinteresse), in- (intolerant), a- (atypisch), -los (arbeitslos), -leer (menschenleer), -frei (alkoholfrei)

66 Ein schrecklicher Tag. Verneinen Sie die Sätze.
B2 **Wo steht *nicht*? Markieren Sie.**

1. Zuerst habe ich den Wecker gehört.
2. Der Zug wartete natürlich auf mich.
3. Deshalb war ich pünktlich im Büro.
4. Meine Chefin war darüber erfreut.
5. Noch dazu hatte ich meine Präsentation vorbereitet.
6. Die Kollegen und Kolleginnen waren also begeistert von meinem Vortrag.
7. Die Chefin war danach in ihrem Büro.
8. Deswegen konnte ich mit ihr über meine misslungene Präsentation sprechen.
9. Das Mittagessen in der Kantine hat geschmeckt.
10. Am Nachmittag habe ich an den Termin mit dem Marketing gedacht.
11. Zu Hause habe ich meinen Haustürschlüssel gefunden.
12. Die Nachbarin war zu Hause, sodass ich meinen Ersatzschlüssel holen konnte.
13. Ich konnte mich also auf meinem Sofa von diesem Tag erholen.

67 Ärger im Büro. Antworten Sie mit einer Verneinung.
B2
1. ● Haben Sie die Präsentation schon vorbereitet? ○ *Nein, noch nicht.*
2. ● Gibt es hier irgendwo ein freies Besprechungszimmer? ○ ....
3. ● Haben Sie schon einmal eine so große Konferenz organisiert? ○ ....
4. ● Haben Sie schon etwas von dem neuen Kunden gehört? ○ ....
5. ● Hat Ihnen jemand bei diesem Bericht geholfen? ○ ....
6. ● Ist Herr Huber noch krank? ○ ....
7. ● Haben Sie bereits mit der Firma Kibo gesprochen? ○ ....

68 Klatsch und Tratsch im Büro. Welche Vor- oder Nachsilbe passt? Ordnen Sie zu.
B2
des • frei • in • leer • los • ~~los~~ • miss • un

1. Jana wirkt bei ihrer Arbeit oft überfordert und hilf *los* .
2. Paula stellt so viele persönliche Fragen. Ich finde sie ganz schön ....diskret.
3. Frau Krohnke sagt nie „Guten Morgen". Sie ist sehr ....höflich.
4. Levi hat bei der Diskussion gar nicht zugehört, er wirkte sehr ....interessiert.
5. Maria versteht überhaupt keinen Spaß, sie ist so humor........................ .
6. Florian ....achtet oft die Meetingregeln und spricht ständig dazwischen.
7. Susa hat schon wieder den ganzen koffein........................ Kaffee getrunken und keinen neuen besorgt.
8. Der Vortrag von Herrn Klimer war so langweilig, ziemlich inhalts........................ .

Verbalstil	Nominalstil
· Sachverhalte und Vorgänge werden mit vielen Verben geschildert · oft spannende und lebendige Darstellung mit Nebensätzen · Verwendung häufig in der mündlichen Sprache, aber auch schriftlich, z. B. in erzählenden oder erklärenden Texten	· Sachverhalte und Vorgänge werden überwiegend mit Nomen ausgedrückt · knappe, sachliche und präzise Beschreibung · Verwendung vor allem in politischen, amtlichen und wissenschaftlichen Texten, Protokollen, verkürzten Sätzen wie Überschriften, Stichpunkten und Notizen
1. Subjekt im Aktivsatz + (reflexives) Verb die Energiepreise steigen die Interessen ändern sich	**Nomen + Nomen (Gen.)*** der Anstieg der Energiepreise die Änderung der Interessen
2. Verb + Akkusativergänzung … unterstützen die Leistung … fördern alternative Energien	**Nomen + Nomen (Gen.)*** die Unterstützung der Leistung die Förderung alternativer Energien
3. Subjekt im Passivsatz + Verb die Wärme wird genutzt	**Nomen + Nomen (Gen.)*** die Nutzung der Wärme
4. Nennung von handelnder Person, Institution, … Erdwärme beheizt Wasser Wärmepumpen unterstützen die Leistung	**durch + Nomen (Akk.)*** das Beheizen von Wasser durch Erdwärme die Unterstützung der Leistung durch Wärmepumpen
5. Verb + Präposition *Traceless* investiert in den Ausbau der Produktion. Viele Unternehmen interessieren sich für *traceless*	**Nomen + Präposition** Investition in den Ausbau der Produktion durch *traceless* Interesse von Unternehmen an *traceless*
❗ Die Präposition nach Verben und Nomen ist oft identisch, aber nicht immer.	
6. Verb + Dativergänzung ähnelt (…) klassischem Kunststoff schadet der Umwelt nicht	**Nomen + Präposition + Nomen** Ähnlichkeit mit klassischem Kunststoff kein Schaden für die Umwelt
7. Adverb Die Emissionen werden deutlich reduziert.	**Adjektiv vor Nomen** deutliche Reduktion der Emissionen
8. Infinitivsatz oder dass-Satz Es ist das Ziel der Firma, Plastik zu ersetzen. Anne Lamp ist davon überzeugt, dass sich die Preise angleichen werden.	**Nomen + Nomen (Gen.)*** Ziel ist der Ersatz von Plastik. Anne Lamp ist von der Angleichung der Preise überzeugt.

* Nomen ohne Artikel:
Steht das Verb mit einem **Nomen ohne Artikel, ohne vorangestelltes Adjektiv oder mit Zahlwort**, dann wird im Nominalstil anstelle des Genitivs **Nomen + *von* + Nomen (Dat.)** verwendet.
· Erdwärme einsetzen   →   der Einsatz von Erdwärme
· … beheizt Wasser   →   das Beheizen von Wasser

Verneinung: nicht → kein, -e
· schadet nicht → kein Schaden
Personalpronomen: Personalpronomen → Possessivartikel:
· er engagiert sich für … → sein Engagement für …
Die Präposition ***durch*** gibt im Nominalstil an, wer oder was etwas tut.
· das Beheizen von Wasser durch Sonnenernegie

Stilistisch ist es oft besser, mehrere Nomen hintereinander zu vermeiden. Stattdessen bildet man Komposita oder ein Partizip:
· Weil die Preise bei den Heizkosten ansteigen, … [→ Aufgrund des Anstiegs der Preise bei Heizkosten …] → Aufgrund des Preisanstiegs bei Heizkosten …
· Weil die Motivation bei vielen Angestellten sinkt, … [→ Aufgrund des Sinkens der Motivation bei vielen Angestellten …] → Aufgrund der sinkenden Motivation bei vielen Angestellten …

Manche Verben wie *sein* und *haben* entfallen bei der Nominalisierung ersatzlos. Ebenso entfallen Hilfsverben und Ausdrücke, die durch *haben* ersetzt werden können, wie z. B. *betroffen sein, leiden unter* …
· Wenn Sie das Problem haben / Wenn Sie von diesem Problem betroffen sind, helfen wir gerne.
   → Bei Problemen helfen wir gerne.

69 **Zweisprachige Erziehung. Bilden Sie die Nominalform.**

C1
1. Viele Kinder werden zweisprachig erzogen.
2. Die Kinder kommunizieren mühelos in zwei Sprachen.
3. Sie erfassen die Regeln intuitiv.
4. Spielerische Aktivitäten fördern den Spracherwerb.
5. Neue Wörter prägen sich durch emotionalen Bezug schneller ein.
6. Manche Kinder mischen anfänglich die beiden Sprachen.
7. Mit der Zeit unterscheiden sie problemlos zwischen den Sprachen.
8. Einige Schulen bieten an, zweisprachig zu unterrichten.

1. die zweisprachige Erziehung vieler Kinder

70 **Noch mehr Zweisprachigkeit. Bilden Sie die Verbalform.**

C1
1. das ausführliche Gespräch über Zweisprachigkeit   *ausführlich über Zweisprachigkeit sprechen*
2. die exakte Erläuterung eines Phänomens   ....
3. ihre Entwicklung einer Lerntechnik   ....
4. die Wahl einer geeigneten Schule durch die Eltern   ....
5. der Kauf einer Lern-App   ....

71 **Wie heißt das Verb? Ergänzen Sie auch die passende Präposition.**

C1
1. die Abhängigkeit – *abhängen   von*
2. die Anpassung – ....
3. die Aufregung – ....
4. der Bezug – ....
5. der Entschluss – ....
6. die Entscheidung – ....
7. die Erkundigung – ....
8. die Freude – ....
9. die Information – ....
10. der Protest – ....
11. die Verbindung – ....
12. der Verweis – ....

72 **Gedanken. Bilden Sie Sätze in der Verbal- und Nominalform.**

C1
1. Kinder / träumen von / bei der Feuerwehr oder Polizei / arbeiten
2. manche Jugendliche / beschäftigen sich mit / Schulprobleme / bewältigen
3. Erwachsene / häufig / legen Wert auf / sich erholen / am Wochenende
4. Studierende / meistens / sich freuen auf / ins Berufsleben / eintreten
5. Angestellte / in stressigen Phasen / manchmal / nachdenken über / ihren Job / kündigen

1. Kinder träumen davon, bei der Feuerwehr oder Polizei zu arbeiten.
   Kinder träumen von einer Arbeit bei der Feuerwehr oder Polizei.

Bedingungen ausdrücken: konditionale Zusammenhänge → **B2 K2** M3 / **C1 K1** M1 / **C1 K7** M1

mit Konnektor · wenn · falls · sofern · für den Fall, dass …	**Wenn** etwas entschieden werden musste, war die Chefetage zuständig. **Falls** man zu keinem Ergebnis kommt, holt man mehr Leute ins Team. Die Führungskraft kann die Mitarbeitenden einbinden, **sofern** diese das wollen. **Für den Fall, dass** es Probleme im Team gibt, kann man eine Mediationsstelle einschalten.
ohne Konnektor · vor dem Hauptsatz · Verb ist an Position 1 · Ersatzform für *wenn /* *falls / sofern*	**Braucht** man für eine Idee Unterstützung, (dann) sucht man sich ein kleines Team. (= Wenn man für eine Idee Unterstützung braucht, (dann) sucht man sich ein kleines Team.)
Präposition *bei* + Dativ	**Bei** der Produktion von Waren gibt es feste Abläufe. (= Wenn man Waren produziert, gibt es feste Abläufe.)
Präposition *ohne* + Akkusativ	**Ohne** regelmäßige Teilnahmen an Teamsitzungen ist eine reibungslose Zusammenarbeit nicht möglich. (= Wenn man nicht regelmäßig an Teamsitzungen teilnimmt, ist eine reibungslose Zusammenarbeit nicht möglich.)

Im Konditionalsatz ohne Konnektor steht das konjugierte Verb auf Position 1, das Subjekt auf Position 2.
Falls / sofern verwendet man, um eine geringere Wahrscheinlichkeit als mit *wenn* auszudrücken.
Sofern ist eher schriftsprachlich und wird umgangssprachlich selten verwendet.

Partizipialgruppen als feste Wendungen

Partizipialgruppen sind oft verkürzte Konditionalsätze und werden als feste Wendung gebraucht:

· genau / streng genommen · anders formuliert · generell gesprochen	· oberflächlich / genauer betrachtet · genau / kurz / ehrlich / anders gesagt · grob geschätzt	· einfach / in Zahlen ausgedrückt · …

Dem Partizip kann manchmal eine Präpositionalergänzung folgen:

· abgesehen **von** + Dat. · ausgehend **von** + Dat.	· gemessen **an** + Dat. · verglichen **mit** + Dat.	· …

Partizipialgruppen sind feste Ausdrücke und können auf Position 1 in einem Hauptsatz stehen oder in einen Satz eingeschoben werden.

Wenn man es genau nimmt, ist Vertrauen die Basis für ein positives Miteinander.
→ Genau genommen(,) ist Vertrauen die Basis für ein positives Miteinander.
→ Vertrauen ist (,) genau genommen(,) die Basis für ein positives Miteinander.

! Partizipialgruppen können mit Komma vom Rest des Satzes abgetrennt werden. Es muss aber kein Komma gesetzt werden.

Partizipien mit *dass*-Satz
Einige wenige Partizipialgruppen bestehen aus einem Partizip + Nebensatz mit *dass*.
Dabei können *dass* + Komma entfallen:
→ Angenommen, dass wir Urlaub bekommen, dann fahren wir weg.
→ Angenommen wir bekommen Urlaub, dann fahren wir weg.
Auch: vorausgesetzt, dass / abgesehen davon, dass …

73 Sommerprogramm im Bürgerzentrum. Formulieren Sie die Sätze mit den angegebenen Wörtern um.

B2

> Bürgerzentrum für alle

1 Wenn Sie sich für Kultur und Kunst begeistern können, dann besuchen Sie unsere Kurse und Veranstaltungen. (ohne Konnektor)
2 Bei Interesse an unserem Programm bestellen Sie bitte unseren Newsletter. (wenn)
3 Wenn Sie einen Kurs über die Webseite buchen, erhalten Sie sofort eine Anmeldebestätigung. (bei)
4 Bei Barzahlung im Bürgerzentrum erhalten Sie einen Rabatt von fünf Prozent. (falls)
5 Der Kursplatz kann nur garantiert werden, wenn Sie sich rechtzeitig anmelden. (bei)
6 Wenn Sie Ihre Anmeldung stornieren müssen, ist dies bis zwei Wochen vor Kursstart möglich. (ohne Konnektor)
7 Bei rechtzeitiger Stornierung der Anmeldung bekommen Sie die komplette Kursgebühr erstattet. (sofern)
8 Wenn es regnet, fallen Open-Air-Veranstaltungen aus. (bei)

1. Können Sie sich für Kultur und Kunst begeistern, dann besuchen Sie unsere Kurse und Veranstaltungen.

74 Gespräche in der Kaffeepause. Bilden Sie aus den Konditionalsätzen Partizipialgruppen und ergänzen Sie diese in den Gesprächen.

C1

A Wenn man es vom heutigen Standpunkt aus betrachtet, …
B Wenn man es juristisch sieht, …
C Wenn man es mit … vergleicht, …
D Wenn man es auf das Jahr hochrechnet, …
E Wenn man es grob schätzt, …

1. ● Mike beschwert sich immer, dass ich zu viel arbeite.

   ○ Ich finde, er hat nicht unrecht. Du arbeitest, ...

   deinem Team, wirklich sehr viel.

2. ● Früher haben viele Leute unter viel schlechteren Bedingungen gearbeitet als wir heute.

   ○ Das stimmt. .... kann man sich das gar

   nicht mehr vorstellen.

3. ● Die Geschäftsführung ist der Meinung, dass die Kündigung von Herrn Schröder gerechtfertigt war.

   ○ .... stimmt das auch. Schließlich hat er

   gegen seinen Arbeitsvertrag verstoßen.

4. ● Die Abteilungsleitung will, dass wir weniger Papier verbrauchen. So ein Quatsch, oder? Die zehn

   Kopien, die ich am Tag mache, sind doch nicht so schlimm.

   ○ .... sind das aber ganz schön viele.

   Und wenn man ein bisschen darauf achtet, ist das doch gut.

5. ● Wie sieht denn eigentlich die Bilanz des letzten Quartals aus?

   ○ Die genauen Zahlen haben wir noch nicht. Aber ....

   gibt es ein Plus von ca. 4 Prozent.

Einschränkende Bedingungen ausdrücken: konditionale Zusammenhänge → **C1 K5** M3

Die Konnektoren *außer wenn*, *außer* und *es sei denn* leiten eine Bedingung ein und schränken die vorangehende Aussage ein.

außer und *es sei denn* verbinden zwei Hauptsätze, *außer wenn* leitet einen Nebensatz ein.

- Ich stehe in der Regel für meine Ansichten ein, **außer wenn** es sich so gar nicht lohnt.
- Ich stehe in der Regel für meine Ansichten ein, **außer** es lohnt sich so gar nicht.
- Ich stehe in der Regel für meine Ansichten ein, **es sei denn**, es lohnt sich so gar nicht.

75 **Arbeit im Team. Verbinden Sie die Sätze mit den angegebenen Konnektoren.**

C1
1. Ich arbeite gern im Team. – Die Aufgaben sind nicht klar definiert. (außer wenn)
2. Die Zusammenarbeit macht Spaß. – Die Arbeitslast ist zu groß. (außer)
3. Nächste Woche nehmen wir an einem Teambildungsevent teil. – Das Wetter ist schlecht. (es sei denn)

76 **Danke für die Einladung. Ergänzen Sie die Konnektoren *wenn*, *außer*, *außer wenn* und *es sei denn*.**

C1

Lieber Tom,

danke für deine Einladung. Ich komme gern zu deiner Gartenparty,

(1) .... ich muss länger im Büro bleiben. Normalerweise

arbeite ich nur bis um 15 Uhr, (2) .... jemand krank ist,

und heute hat sich leider meine Kollegin krankgemeldet. Mal sehen,

ob sie bis Freitag wieder da ist.

Ich würde auch gern meinen Freund mitbringen, (3) .... ,

das ist dir nicht recht. Findet denn die Party auch statt, (4) .... es regnet?

Ich mache einen Salat, (5) .... schon die anderen Gäste Salate mitbringen.

Dann backe ich einen Kuchen, auch kein Problem. Kann man bei euch eigentlich gut parken?

Ich würde nämlich mit dem Auto kommen, (6) .... , es gibt überhaupt keine

Parkplätze bei euch in der Straße.

Liebe Grüße und bis Freitag (hoffentlich)
Josephine

Irreale Bedingungen ausdrücken: Konditionalsätze mit Konjunktiv II der Vergangenheit → **B2 K6** M3

Mit dem Konjunktiv II kann man über Bedingungen und Folgen sprechen, die es in der Vergangenheit nicht gab und die eine Vermutung ausdrücken.

- Wenn ich keine Medikamente genommen hätte, wäre das riskant gewesen.
- Wenn ich erst zum Hausarzt gegangen wäre, hätte mich das Zeit gekostet.
- Wenn ich früher untersucht worden wäre, hätte ich nicht operiert werden müssen.
- Wenn ich erst zum Hausarzt hätte gehen müssen, hätte mich das Zeit gekostet.

77 Wenn ich ... Was passt zusammen? Ordnen Sie zu.

B2

1. Wenn ich nicht bei Schnee und Eis mit dem Rad gefahren wäre,
2. Wenn ich nicht so viel gegessen hätte,
3. Wenn ich rechtzeitig zum Arzt gegangen wäre,
4. Wenn ich nicht so lange in der Sonne geblieben wäre,
5. Wenn ich mehr geschlafen hätte,
6. Wenn ich nicht so viel trainiert hätte,
7. Wenn mein altes Fitnessstudio nicht geschlossen worden wäre,

A wären mir bei der Arbeit nicht die Augen zugefallen.
B hätte ich keinen Sonnenbrand bekommen.
C hätte ich keine Bauchscherzen bekommen.
D wäre mein Husten nicht so schlimm geworden.
E hätte ich jetzt keinen Muskelkater.
F hätte ich mir kein neues Studio suchen müssen.
G hätte ich mir nicht das Bein gebrochen.

78 Wochenende. Ergänzen Sie die irrealen Bedingungssätze in der Vergangenheit.

B2

1. Wir hätten einen Ausflug in die Berge gemacht, wenn ... (das Wetter besser sein)
2. Ich wäre ins Kino gegangen, wenn ... (ein guter Film laufen)
3. Wir hätten ins Theater gehen können, wenn ich ... (nicht arbeiten müssen)
4. Ich hätte dich besucht, wenn ... (mein Auto nicht kaputt gehen)
5. Du hättest mich anrufen können, wenn du ... (dein Handy finden)
6. Ich hätte meinem Nachbarn beim Umzug geholfen, wenn ich ... (gefragt werden)

Zeitangaben machen: temporale Zusammenhänge → B1+ K10 M1 / B2 K7 M3 / C1 K10 M1

	Verbalform		Nominalform
	Hauptsatz + Nebensatz	**Hauptsatz + Hauptsatz**	**mit Präposition**
etwas passiert **gleichzeitig**	als, wenn		bei (+ Dativ)
	während, solange	währenddessen	während (+ Genitiv)
etwas passiert **nicht gleichzeitig**	bevor, ehe	davor, vorher	vor (+ Dativ)
	nachdem*	danach, dann, daraufhin	nach (+ Dativ)
etwas **hat angefangen und dauert** bis jetzt	seit, seitdem	seitdem	seit (+ Dativ)
etwas **beginnt**	sobald, sowie		
etwas **endet**	bis		bis (+Akkusativ) bis zu (+ Dativ)

Die Präposition *bei* verwendet man oft mit nominalisierten Verben, z. B. *beim Lernen*.

Beispiele

- **Bevor** in Heidelberg eine Universität gegründet wurde, gab es schon eine in Bologna und in Paris. (Nebensatz + Hauptsatz)
- In Bologna und Paris sind Universitäten eröffnet worden. **Danach** wurde auch in Heidelberg eine Universität gegründet. (Hauptsatz + Hauptsatz)
- **Vor** der Gründung der Universität in Heidelberg sind schon in Bologna und Paris Universitäten eröffnet worden. (mit Präposition)

*Tempuswechsel bei *nachdem*
Nebensatz im Perfekt + Hauptsatz im Präsens
- **Nachdem** man das Unisystem vereinheitlicht hat, sind die Ergebnisse besser vergleichbar.
Nebensatz im Plusquamperfekt + Hauptsatz im Präteritum
- **Nachdem** 1968 viele Proteste stattgefunden hatten, änderte sich an den Universitäten viel.

79 **Auslandsaufenthalt. Lesen Sie die Sätze. Welcher Konnektor passt? Kreuzen Sie an.**

B1+

1. ☐ Solange ☐ Nachdem ☐ Während ich die Schule beendet hatte, wusste ich erst mal nicht, was ich tun sollte.
2. ☐ Als ☐ Wenn ☐ Bis ich jünger war, wollte ich immer Medizin studieren. Aber das passte irgendwie nicht mehr.
3. Also entschied ich mich, eine lange Reise zu machen, ☐ seitdem ☐ solange ☐ bis ich wusste, wie es weitergehen sollte.
4. ☐ Nachdem ☐ Bevor ☐ Als ich losfahren konnte, musste ich aber erst mal ein bisschen Geld verdienen und habe in einer Fabrik gearbeitet.
5. ☐ Während ☐ Als ☐ Bis ich genug Geld zusammen hatte, machte ich mich auf den Weg nach Südamerika.
6. ☐ Wenn ☐ Während ☐ Nachdem ich in Brasilien, Chile und Peru unterwegs war, traf ich viele interessante Leute.
7. ☐ Nachdem ☐ Bis ☐ Seitdem ich drei Monate nur gereist war, lernte ich Pablo kennen, der mir ein Praktikum in seiner Werbeagentur anbot.
8. Es dauerte nicht lange, ☐ solange ☐ seitdem ☐ bis ich merkte, dass mir die Arbeit in der Grafikabteilung besonders viel Spaß machte, und ich beschloss, zu Hause Grafikdesign zu studieren.
9. ☐ Solange ☐ Bis ☐ Nachdem ich auf Reisen war, habe ich eigentlich nicht so viel an mein Leben in Berlin gedacht.
10. ☐ Nur wenn ☐ seitdem ☐ als ich mit meiner Familie gesprochen habe, hatte ich immer ein bisschen Heimweh.
11. ☐ Während ☐ Seitdem ☐ Bis ich wusste, was ich studieren wollte, freute ich mich aber auch wieder auf zu Hause und war froh, ☐ als ☐ wenn ☐ bevor ich nach einem Jahr wieder in Berlin landete.

80 **Mein Uni-Alltag. Ergänzen Sie.**

B2

danach • davor • seitdem • währenddessen

1. Ich verlasse das Haus fast jeden Morgen um 8:30 Uhr, um in die Uni zu fahren. .... trinke ich schnell einen Kaffee mit meiner Mitbewohnerin.
2. Im Lauf des Tages besuche ich mehrere Vorlesungen und Seminare. .... schreibe ich alles auf meinem Tablet mit und vergleiche es später mit dem Skript.
3. Meine letzte Vorlesung endet um 17:30 Uhr. .... gehe ich oft direkt zum Sport.
4. Vor drei Monaten habe ich mich zum Hochschulsport angemeldet. .... habe ich viele nette Leute kennengelernt.

81 **Tipps fürs Auslandssemester. Formen Sie die temporalen Nebensätze in die Nominalform um.**

C1

Du willst ein Semester im Ausland studieren?

Dann lies zuerst unsere Tipps:

1. Bevor du dich für eine Uni entscheidest, informiere dich gründlich über die Bewerbungsvoraussetzungen. Erkundige dich auch nach den Partneruniversitäten.
2. Während du dich auf das Auslandsemester vorbereitest, solltest du auch deine Sprachkenntnisse auffrischen.
3. Bevor du dich bei einer Universität bewirbst, solltest du auch die Finanzierung geklärt haben. Hier gibt es viele Möglichkeiten: Erasmus, DAAD, Stiftungen usw.
4. Nachdem du die Finanzierung geklärt hast, kannst du mit der konkreten Organisation beginnen.
5. Bis du abreist, solltest du auch eine Unterkunft in deiner neuen Uni-Stadt gefunden haben.
6. Wenn du in der neuen Stadt angekommen bist, solltest du möglichst schnell Kontakte knüpfen. So hat Heimweh keine Chance!

1. Vor deiner Entscheidung für eine Uni ...

82 **Erasmus. Formen Sie die markierten Satzteile in die Verbalform um.**

C1

1. Bei der Gründung des Förderprogramms Erasmus im Jahr 1987 stand die Idee des lebenslangen Lernens im Vordergrund.

....

2. Seit der Einführung des Programms wurden zahlreiche Stipendien finanziert.

....

3. Während der Feier des 35-jährigen Jubiläums wurden die Ziele von Erasmus hervorgehoben.

....

4. Vor meiner Teilnahme an dem Programm habe ich einige Informationsveranstaltungen besucht.

....

5. Nach meiner Rückkehr aus Italien beendete ich mein Studium in Deutschland.

....

6. Bis zum Ende meines Studiums habe ich noch oft in Italien Urlaub gemacht.

....

Gegensätze ausdrücken: adversative Zusammenhänge → B2 K12 M3

Hauptsatz + Hauptsatz	Hauptsatz + Nebensatz	mit Präposition	
aber doch, sondern jedoch, dagegen, hingegen	während	entgegen im Gegensatz zu	(+ Dativ) (+ Dativ)

Aber kann auf Position 0 oder 3 stehen.
- Meine Freunde genießen den Sommertag am See, aber ich muss arbeiten.

                    0   1   2
- Meine Freunde genießen den Sommertag am See, ich muss aber arbeiten.

           1   2   3

Doch und *sondern* stehen immer auf Position 0. *Sondern* bezieht sich auf eine Aussage mit Verneinung.
Jedoch, *dagegen* und *hingegen* stehen oft auf Position 3 oder 4 oder auch auf Position 1.
Der Nebensatz mit *während* steht häufig vor dem Hauptsatz.

Wenn man einen Gegensatz besonders hervorheben will, kann man *aber, jedoch, hingegen* und *dagegen* als Partikel direkt hinter das hervorzuhebende Satzglied stellen.
- Meine Freunde genießen den Sommertag am See, ich aber / jedoch / hingegen / dagegen muss arbeiten.

---

83 **Arbeitswelt. Ergänzen Sie.**

B2

aber • dagegen • im Gegensatz zu • sondern • während

1. Früher waren Menschen oft ihr ganzes Arbeitsleben bei einer Firma beschäftigt. .... ist es heute selbstverständlich, den Arbeitgeber häufiger zu wechseln.

2. .... noch vor einigen Jahren Lücken im Lebenslauf ein Problem darstellten, sind sie heute ganz normal.

3. .... früheren Generationen achten jüngere Leute heute mehr auf ihre Work-Life-Balance.

4. Bewerbungen schickt man heute nicht mehr mit der Post, ... per E-Mail oder über ein Online-Portal.

5. Auf Online-Portalen findet man die meisten Stellenangebote, ... auch in Zeitungen schalten Unternehmen noch Anzeigen.

Gründe ausdrücken: kausale Zusammenhänge   → **B1+ K5** M3 / **B2 K3** M3 / **C1 K3** M3

mit Konnektor (Hauptsatz + Nebensatz)	weil da	• Ich kann mich oft nicht konzentrieren, weil / da andere laut telefonieren.
(Hauptsatz + Hauptsatz)	denn (Position 0)	• Leider müssen viele von uns Überstunden machen, denn es gibt zu wenig Personal.
mit Präposition	aufgrund (+ Genitiv) aus (+ Dativ) vor (+ Dativ) dank (+ Genitiv) wegen (+ Genitiv)	• Aufgrund der engen Räume ist es oft sehr laut. • Aus Rücksichtnahme gehe ich aus dem Büro. • Vor Aufregung konnte ich mich bei dem Telefonat nicht klar ausdrücken.
weitere Wendungen	aus diesem Grund aufgrund dessen nämlich	• Aus diesem Grund sollten Telefonkabinen angeschafft werden. • Dann kann man nämlich in Ruhe telefonieren, ohne jemanden zu stören.

- Die Präpositionen *aufgrund* und *wegen* sind neutral.
- Die Präposition *dank* gibt einen positiven Grund an.
- Die Präpositionen *aus* und *vor* verwendet man bei Gefühlen oder Einstellungen. *Aus* verwendet man eher bei bewussten, kontrollierten Handlungen, *vor* bei unbewussten, unkontrollierten Handlungen. In diesen Bedeutungen wird meist kein Artikel verwendet.
- *nämlich* begründet eine Aussage im Satz davor. Es steht meistens auf Postition 3. Wenn aber nach dem Verb ein Pronomen steht, folgt *nämlich* nach dem Pronomen.

84 Ein chaotischer Morgen. Was passt? Ergänzen Sie.

B1+ denn • denn • nämlich • wegen • weil • weil

Heute Morgen musste ich ganz früh los, (1) .... ich einen wichtigen Termin mit der Abteilungsleiterin – Frau Kelm – hatte. (2) .... des Termins war ich ein bisschen nervös. Außerdem musste ich mich ziemlich beeilen, (3) .... ich war zu spät aufgestanden. Dummerweise verpasste ich meinen Bus, also beschloss ich, zu Fuß zu gehen. Nach kurzer Zeit war ich total nass, es regnete (4) .... in Strömen. Plötzlich hielt ein Auto neben mir und ich erschrak, (5) .... es hupte laut. Es war Frau Kelm und sie fragte mich, ob ich bei ihr mitfahren will! Unser Termin später war dann auch gar nicht schlimm, (6) .... Frau Kelm wirklich sehr nett ist. Außerdem war ich gut vorbereitet.

85 KI im Beruf. Formulieren Sie die Sätze mit den angegebenen Wörtern.

B2

1. KI ist in allen Bereichen immer präsenter. (aufgrund – der zunehmende Einsatz von KI – werden geben – auch viele Veränderungen in der Arbeitswelt – es)

   ....

2. Viele Menschen haben Angst um ihren Arbeitsplatz, ... (da – KI – viele Aufgaben – übernehmen können)

   ....

3. Künstliche Intelligenz wird immer besser. (aufgrund dessen – komplett wegfallen – einige Berufe – werden)

   ....

4. Aber KI kann viele Arbeitsprozesse erleichtern. (aus diesem Grund – sollen (Konjunktiv II) – sehen – man – auch die positiven Seiten)

   ....

5. Besonders administrative Routineaufgaben werden in Zukunft von der KI übernommen. (nämlich – erledigen – können – sie – schneller als Menschen – diese)

   ....

86 Zufriedene Arbeitnehmende. Formen Sie die Sätze in die Verbal- oder Nominalform um.

C1

1. Weil die Verkaufszahlen sehr hoch sind, kann das Unternehmen Mollmann satte Gewinne vorweisen. (dank)
2. Da die Firma zahlreiche Gesundheitsprogramme eingeführt hat, sind auch die Mitarbeitenden zufriedener. (aufgrund)
3. Wegen der Verbesserung des Betriebsklimas gibt es weniger Kündigungen und Personalwechsel. (weil)
4. Weil die Firma in Aus- und Weiterbildung investiert, können die Mitarbeitenden ihre Fähigkeiten und Kenntnisse kontinuierlich erweitern. (wegen)
5. Aufgrund der Schaffung flexibler Arbeitszeitmodelle können die Angestellten ihre Tage freier gestalten. (denn)

87 Gefühle. *aus* oder *vor*? Kreuzen Sie an.

C1

1. ● ☐ Aus ☐ Vor lauter Stress habe ich Kopfschmerzen.
   ○ Du musst dir wirklich mal freinehmen.

2. ● ☐ Aus ☐ Vor Dankbarkeit für deine Unterstützung möchte ich dir etwas schenken.
   ○ Oh, danke! Aber warum sprichst du so förmlich?

3. ● Was meinst du? Haben Marie und Valentin wirklich ☐ aus ☐ vor Liebe geheiratet?
   ○ Was ist denn das für eine Frage? Natürlich!

4. ● Hat deine Tochter eigentlich ihr Abitur bestanden?
   ○ Ja, und ich habe bei der Zeugnisverleihung ☐ aus ☐ vor Stolz geweint. Das war ihr natürlich peinlich.

5. ● Ich habe gehört, du bist gestern ☐ aus ☐ vor Wut über den geringen Fortschritt im Projekt explodiert.
   ○ Ja, das stimmt. Dafür muss ich mich noch bei Mirko entschuldigen.

Folgen ausdrücken: konsekutive Zusammenhänge → **B1+ K5** M3 / **B2 K6** M1 / **C1 K5** M3

mit Konnektor Hauptsatz + Nebensatz	sodass so ..., dass	· Man sollte abends keinen Kaffee trinken, sodass man besser einschlafen kann.
Hauptsatz + Hauptsatz (Konnektor auf Position 1 oder 3)	deshalb daher deswegen darum also somit infolgedessen folglich andernfalls (negative Folge) sonst (negative Folge)	· Besonders am Anfang der Nacht werden Ereignisse verarbeitet, deswegen sollte man direkt vor dem Schlafengehen lernen. · Wer müde ist, hat eine schlechte Immunabwehr und wird folglich leichter krank. · Man sollte auf ausreichend Schlaf achten, andernfalls leidet die Konzentrations-fähigkeit.
mit Präposition	infolge (+ Genitiv) infolge von (+ Dativ)	· Manche haben infolge des Schlafmangels mehr Hunger.
weitere Wendungen	die Folge ist die Konsequenz (daraus) ist aus ... ergibt sich / folgt ...	· Die Folge ist, dass wir Dinge vergessen. · Aus dem Interview ergibt sich, dass Schlaf-mangel kein kleines Problem ist.

88 **Mein Büroalltag. Verbinden Sie die Sätze mit den angegebenen Konnektoren.**

B1+

1. Ich kann mich morgens am besten konzentrieren. Ich gehe früh ins Büro. (deshalb)

....

2. Im Großraumbüro ist es oft laut. Ich kann mich schlecht konzentrieren. (so ..., dass)

....

3. Morgens um sieben sind alle noch zu Hause. Ich kann in Ruhe arbeiten. (deswegen)

....

4. Zwischen 10 und 12 Uhr klingelt ständig das Telefon. Ich schaffe nicht viel. (sodass)

....

5. Unsere Firma hat verschiedene Standorte. Ich habe auch viele Online-Besprechungen. (darum)

....

89 **Stress auf dem Arbeitsweg. Was passt? Ordnen Sie zu.**

B2

1. Die meisten Menschen beginnen um 9 Uhr zu arbeiten.
2. Auch die öffentlichen Verkehrsmittel sind voll.
3. Durch Stress verursachte Krankheiten nehmen zu.
4. Vielen Unternehmen ermöglichen das Arbeiten im Homeoffice.
5. Im Homeoffice kann man sich die Arbeitszeit oft besser einteilen.

A Infolgedessen müssen sich viele Angestellte nicht mehr auf den Weg ins Büro machen.
B Die Folge davon ist, dass es auch mehr Krankschreibungen gibt.
C Folglich gibt es morgens zwischen 8 und 9 Uhr oft Stau auf den Straßen.
D Die Konsequenz ist, dass sich Beruf und Privates besser vereinbaren lassen.
E Somit sind viele Menschen schon auf dem Weg zur Arbeit gestresst.

90 **Fachkräftemangel in Deutschland. Schreiben Sie die Sätze zu Ende.**

C1　1. Die Geburtenraten in Deutschland haben in den letzten Jahrzehnten abgenommen. Folglich ....

....

(zur Verfügung stehen / Fachkräfte / immer weniger / der Arbeitsmarkt)

2. Es müssen mehr Fachkräfte aus dem Ausland angeworben werden. Andernfalls ....

....

(viele Stellen / besetzen / sich lassen / nicht)

3. In vielen Unternehmen sind zahlreiche Stellen unbesetzt. Somit ....

....

(manche Aufträge / annehmen können (Passiv) / gar nicht mehr)

4. Es müssen auf jeden Fall mehr Maßnahmen gegen den Fachkräftemangel ergriffen werden. Sonst ....

....

(langfristig / leiden / der Wirtschaftsstandort Deutschland)

Irreale Folgen ausdrücken: irreale Konsekutivsätze → C1 K9 M1

1. Gerade der hohe Preis macht das Objekt zu verlockend,	man will **nicht** darauf verzichten.	→ reale Folge
	als dass man darauf verzichten wollte / würde.	→ irreale Folge
2. In unsicheren Zeiten sind die meisten Menschen zu sparsam,	sie machen **keine** großen Anschaffungen.	→ reale Folge
	um große Anschaffungen zu machen.	→ irreale Folge

Irreale Konsekutivsätze beschreiben eine Folge, die nicht eintritt. Der Grund steht im Hauptsatz mit *zu* + Adjektiv. Die Folge kann man auf zwei Arten bilden:

Grund	irreale Folge
zu + Adjektiv	*als dass* + Konjunktiv II *um … zu* + Infinitiv

---

91 **Computer und mehr. Formulieren Sie Sätze mit den angegebenen Konnektoren um.**

C1　1. Dieses Smartphone ist sehr teuer. Es wird kein Verkaufshit. (zu …, als dass)

....

2. Der Computer ist sehr alt. Man kann ihn nicht mehr verkaufen. (zu …, um … zu)

....

3. Das Programm ist sehr kompliziert. Man kann sich nicht schnell einarbeiten. (zu …, als dass)

....

4. Das Internet ist sehr unsicher. Man sollte nicht alle persönlichen Daten öffentlich machen. (zu …, als dass)

....

5. Die Datenmenge ist sehr groß. Man kann das Video nicht per E-Mail versenden. (zu …, um zu)

....

....

6. Das WLAN ist sehr instabil. Man hält kein Meeting ab (zu …, um … zu)

....

....

Gegengründe und Widersprüche ausdrücken: konzessive Zusammenhänge → **B1+** K5 M3 / **B2** K9 M3 / **C1** K6 M1

Hauptsatz + Hauptsatz*	Hauptsatz + Nebensatz	mit Präposition	
dennoch, trotzdem	obwohl	trotz	(+ Genitiv)
zwar …, aber	wobei	selbst bei	(+ Dativ)
einerseits …, andererseits	auch wenn, selbst wenn	auch bei	(+ Dativ)
		ungeachtet	(+ Genitiv)

Stellung von *trotzdem* und *dennoch*

Diese Konnektoren stehen im Satzteil, der die Folge ausdrückt, nicht den Gegengrund.
· Sie kennen das Problem, trotzdem / dennoch wollen sie …
· Obwohl sie das Problem kennen, wollen sie …

Der Nebensatz mit *wobei* steht immer nach dem Hauptsatz und wird meistens mündlich gebraucht. In der mündlichen Sprache kann der Nebensatz mit *wobei* auch allein stehen. Dann ist er meistens eine Reaktion auf eine Aussage einer anderen Person.
● Wir brauchen dringend mehr Personal.   ○ Wobei es im Moment nur wenige gute Leute gibt.

* Konzessive Konnektoren, die Hauptsätze verbinden, können auf Position 1 oder 3 stehen.

· Frau Müller geht in Rente. Dennoch möchte sie weiter arbeiten.
  1   2   3

· Frau Müller geht in Rente. Sie möchte dennoch weiter arbeiten.
  1   2   3

ACHTUNG: Bei *zwar …, aber* steht *aber* auf Position 0 oder 3.
· Frau Müller geht zwar in Rente, aber sie möchte weiter arbeiten.
  0   1   2

· Frau Müller geht zwar in Rente, sie möchte aber weiter arbeiten.
  1   2   3

---

92 **Ausbildungsplätze. Formen Sie die Sätze mit *trotzdem* oder *obwohl* um.**

B1+
1. Viele Jugendliche finden keinen Ausbildungsplatz, obwohl es genug Angebot gibt.
2. Mein Bruder hat bereits 30 Bewerbungen verschickt. Trotzdem hat er noch keine Zusage bekommen.
3. Ich habe gleich einen Ausbildungsplatz gefunden, obwohl mein Zeugnis nicht gut war.
4. Es ist nicht mein Traumberuf, trotzdem macht mir die Ausbildung Spaß.

93 **So bleibe ich fit! Ergänzen Sie.**

B2
auch wenn • dennoch • selbst bei • trotz • wobei • zwar …, aber

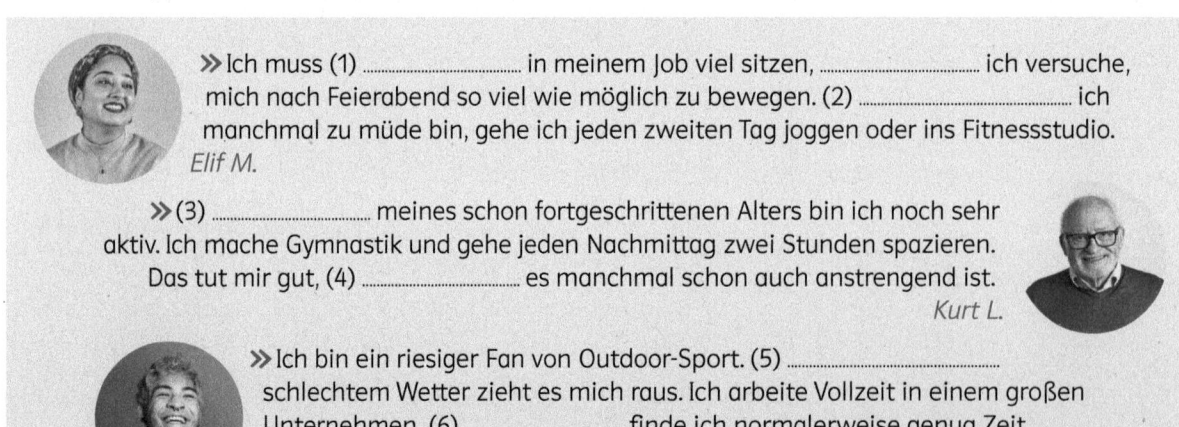

≫ Ich muss (1) .... in meinem Job viel sitzen, ... ich versuche, mich nach Feierabend so viel wie möglich zu bewegen. (2) .... ich manchmal zu müde bin, gehe ich jeden zweiten Tag joggen oder ins Fitnessstudio.
Elif M.

≫ (3) .... meines schon fortgeschrittenen Alters bin ich noch sehr aktiv. Ich mache Gymnastik und gehe jeden Nachmittag zwei Stunden spazieren. Das tut mir gut, (4) .... es manchmal schon auch anstrengend ist.
Kurt L.

≫ Ich bin ein riesiger Fan von Outdoor-Sport. (5) .... schlechtem Wetter zieht es mich raus. Ich arbeite Vollzeit in einem großen Unternehmen, (6) .... finde ich normalerweise genug Zeit für meine Leidenschaft. Aber klar, anderes bleibt dafür auf der Strecke.
Luca H.

94 **Mehr Gesundheit am Arbeitsplatz. Formen Sie die Sätze um.**

C1   1. Obwohl ein breites Sportangebot eingeführt wurde, bewegen sich die meisten Büroangestellten zu wenig. (trotz)
2. Auch wenn die Arbeitslast groß ist, sollte man regelmäßige Pausen einplanen. (selbst bei)
3. Obwohl in der Kantine gesunde Gerichte angeboten werden, wählen Angestellte immer wieder fette und ungesunde Mahlzeiten. (ungeachtet)
4. Trotz ergonomisch eingerichteter Arbeitsplätze klagen viele Leute über Rückenschmerzen. (obwohl)
5. Obwohl die Wirksamkeit eines kurzen Mittagsschlafs erwiesen ist, trauen sich die meisten Menschen nicht, ein Nickerchen im Büro zu machen. (einerseits …, andererseits)

Ziele, Zweck und Absichten ausdrücken: finale Zusammenhänge   → **B1+ K8** M1 / **C1 K6** M1

mit Konnektor	um … zu / damit · Subjekt im Hauptsatz = Subjekt im Nebensatz: um … zu oder damit · Subjekt im Hauptsatz ≠ Subjekt im Nebensatz: damit	· Er kauft ein, um heute Abend zu kochen. · Er kauft ein, damit er heute Abend kochen kann.* · Er fotografiert sein Essen, damit seine Freunde es sehen können.
mit Präposition	zu (+ Dativ) (häufig: zum + Infinitiv) für (+ Akkusativ) zwecks / zum Zweck (+ Genitiv)**	· Zur Vorbeugung / Zum Vorbeugen einer Erkältung kauft er viel Obst und Gemüse. · Für den Erhalt der Gesundheit sollte man auf gesunde Ernährung achten. · Zwecks Vorbeugung von Gesundheitsschäden sollte man ausreichend Vitamine zu sich nehmen.

* Die Modalverben sollen, wollen und möchten stehen nie in Finalsätzen.
** Die Präpositionen zwecks / zum Zweck werden vor allem schriftsprachlich verwendet, z. B. in Schreiben von Behörden. Zwecks steht meist ohne Artikel.

---

95 **Höflichkeit. Welche Sätze sind richtig? Kreuzen Sie an. Es können auch beide Sätze richtig sein.**

B1+   1. Telefonieren Sie in der Öffentlichkeit nicht zu laut,
    a damit andere Leute sich nicht gestört fühlen.
    b um andere Leute sich nicht gestört zu fühlen.

2. Parken Sie nicht auf dem Gehweg,
    a damit Sie Menschen im Rollstuhl oder mit Kinderwagen nicht behindern.
    b um Menschen im Rollstuhl oder mit Kinderwagen nicht zu behindern.

3. Reden Sie im Kino nicht,
    a damit alle Leute den Film genießen können.
    b um alle Leute den Film genießen zu können.

4. Grüßen Sie immer Ihre Nachbarn und Nachbarinnen,
    a damit Sie nicht unhöflich wirken.
    b um nicht unhöflich zu wirken.

5. Kommen Sie pünktlich zu Verabredungen,
    a damit niemand auf Sie warten muss.
    b um niemand auf Sie warten zu müssen.

96 **Im Sprachkurs. Bilden Sie Sätze mit *um … zu*. Wenn das nicht möglich ist, formulieren Sie Sätze mit *damit*.**

B1+ 1. die Lehrkräfte erklären die Grammatik genau – die Studierenden begreifen sie

....

2. die Studierenden machen die Hausaufgaben – sie üben die neue Grammatik

....

3. das Institut hat eine Cafeteria – die Studierenden können etwas essen und trinken

....

4. die Studierenden schreiben Beispielsätze – sie prägen sich die Wörter besser ein

....

5. die Lehrkräfte verteilen viele Arbeitsblätter – die Studierenden können sich gut auf die Prüfung vorbereiten

....

6. das Institut fragt die Studierenden nach ihrer Meinung – es will sein Angebot weiter verbessern

....

97 **Was ich alles mache. Formulieren Sie die Finalsätze in *zum* + nominalisierten Infinitiv um.**

B1+ 1. Ich lese oder sehe Filme, um mich zu entspannen. → *zum Entspannen* ....

2. Ich rufe eine Freundin an, um zu quatschen. → ....

3. Ich fahre den Computer hoch, um einige Mails zu schreiben. → ....

4. Ich gehe in den Supermarkt, um einzukaufen. → ....

5. Ich trinke einen Kaffee, um aufzuwachen. → ....

98 **Fremdsprachen lernen. Formen Sie die Sätze mit der angegebenen Präposition um.**

C1 1. Um sich besser auf Tests vorzubereiten, sollte man einen Lernplan erstellen. (für)

....

2. Um unnötige Fehler zu vermeiden, sollte man Texte immer Korrektur lesen. (zu)

....

3. Um den Wortschatz zu erweitern, sollte man auch Filme und Serien in der Fremdsprache sehen. (zu)

....

4. Um Grammatikkenntnisse zu verbessern, kann man Übungen machen. (für)

....

5. Um eine Prüfung durchzuführen, müssen die Tische und Stühle in der Sprachschule umgestellt werden. (zwecks)

....

Art und Weise ausdrücken *(Wie? Wodurch?)*: modale Zusammenhänge → **B2 K11** M1 / **C1 K5** M3

Mit Modalsätzen drückt man die Art und Weise aus, wie etwas geschieht.

	Man beschreibt ein Mittel, ein Instrument oder eine Methode:	Etwas, was man erwartet hat, passiert nicht:	Man gibt eine Alternative an:
mit Konnektor	indem dadurch, dass	ohne dass ohne zu	(an)statt dass (an)statt zu
mit Präposition	durch (+ Akkusativ) mithilfe (+ Genitiv) mithilfe von (+ Dativ)	ohne (+ Akkusativ)	statt (+ Genitiv)

- Durch Körperhaltung und Gesichtsausdruck zeigen wir unbewusst unsere Gefühle.
- Mithilfe von speziellen Coachings kann man die eigene Körpersprache trainieren.
- Indem wir bestimmte Gesten einsetzen, können wir unsere Aussagen verstärken.
- Dadurch, dass Gesten in verschiedenen Kulturen manchmal eine andere Bedeutung haben, können Missverständnisse entstehen.
- Wir kommunizieren ständig, ohne es zu merken.
- Anstatt dass wir lange über Gesten sprechen, kann auch jeder eine zeigen.

---

99 **Eine gemütliche Wohnung. Bilden Sie Modalsätze.**

B2

1. indem: eine Wohnung gemütlich gestalten können – die Wände in warmen Farben streichen
   Man kann eine Wohnung gemütlich gestalten, indem man die Wände in warmen Farben streicht.

2. dadurch, dass: eine schöne Atmosphäre schaffen – die Wohnung ansprechend dekorieren

3. mithilfe von: der Wohnung eine persönliche Note geben – Fotos und Bilder

4. ohne zu: die Wohnung zu etwas Besonderem machen können – viel Geld ausgeben

5. anstatt zu: alte Obstkisten streichen und stapeln – ein neues Regal kaufen

6. durch: der Wohnung Frische geben – Blumen und Pflanzen in den Räumen

7. indem: Ordnung in die Wohnung bringen – regelmäßig Unnötiges aussortieren

8. ohne dass: eine Wohnung schön einrichten können – teure Möbel kaufen müssen

---

100 **Verkehrswende. Formen Sie die Sätze mit der angegebenen Präposition um.**

C1

1. Indem man billigere Tickets für den Nahverkehr anbietet, kann man Menschen zum Verzicht auf das Auto bewegen. (mithilfe von)
2. Anstatt neue Parkhäuser in der Innenstadt zu bauen, sollte man lieber für mehr Radwege sorgen. (statt)
3. Indem man Straßen für Autos sperrt, kann man Spielstraßen für Kinder schaffen. (durch)
4. Dadurch, dass man E-Busse einsetzt, wird der Umwelt weniger geschadet. (mithilfe)
5. Indem man breitere Fußwege anlegt, verringert sich die Unfallgefahr für Fußgänger und Fußgängerinnen. (durch)
6. Die Verkehrswende wird nicht gelingen, ohne dass der Staat sie stärker unterstützt. (ohne)

Zweiteilige Konnektoren → B1+ K12 M1

Bedeutung	zweiteilige Konnektoren
Aufzählung → beides: A + B	Bürger entwickeln schon Ideen, wie sowohl das Leben als auch die Arbeit auf dem Mars aussehen könnte.
→ beides: A + B (B ist betont)	Der Mars hat nicht nur eine vielfältige Oberfläche, sondern auch eine Atmosphäre.
negative Aufzählung beides nicht: A nicht und B auch nicht	Wir würden weder die großen Temperaturschwankungen noch die eisigen Stürme überleben.
Alternative eines von beidem: A oder B	Entweder man fliegt nach der Ankunft gleich wieder zurück oder man wartet knapp zwei Jahre auf den Rückflug.
Gegensatz / Einschränkung → A wird durch B eingeschränkt.	Das ist zwar noch Zukunftsmusik, gilt aber als sehr wahrscheinlich.
→ A ein Aspekt und B ein anderer Aspekt	Einerseits erreichen die Temperaturen am Äquator tagsüber 20 °C, andererseits sinken sie nachts teilweise auf unter minus 80 °C.
Bedingung B in Abhängigkeit von A	Je schwerer ein Raumschiff ist, desto/umso mehr Treibstoff braucht es.

Zweiteilige Konnektoren können Satzteile und Sätze verbinden:
- Viele Menschen wollen entweder auf den Mond oder sogar auf den Mars fliegen.
- Entweder man fliegt gleich wieder zurück oder man wartet knapp zwei Jahre.

Der Konnektor *je …, desto/umso* verbindet Hauptsatz und Nebensatz. Man verwendet den Komparativ.
- Je **schwerer** das Raumschiff <u>ist</u>, desto/umso **mehr** Treibstoff <u>braucht</u> es.

Nebensatz	Hauptsatz

Zwischen diesen zweiteiligen Konnektoren steht immer ein Komma:
- nicht nur …, sondern auch …
- je …, desto/umso …
- zwar …, aber …
- einerseits …, andererseits …

101 **Sich auf eine Stelle bewerben. Verbinden Sie die Sätze mit den angegebenen Konnektoren.**

B1+

1. Man kann sich auf eine Stellenanzeige bewerben. Man schickt eine Initiativbewerbung. (entweder … oder)
2. Bei einer Bewerbung muss man auf den Inhalt achten. Das äußere Erscheinungsbild ist wichtig. (nicht nur …, sondern auch)
3. Im Bewerbungsschreiben sollten keine Floskeln stehen. Es sollte auch keine Fehler geben. (weder … noch)
4. Man sollte sich auf ein Vorstellungsgespräch gut vorbereiten. Man sollte entspannt bleiben. (einerseits …, andererseits)
5. In einem Vorstellungsgespräch sollte man sich positiv präsentieren. Man sollte Fragen zur Stelle stellen. (sowohl … als auch)
6. Bei einem Praktikum verdient man nicht viel. Man kann danach im Lebenslauf erste Berufserfahrungen angeben. (zwar …, aber)
7. Man hat viel Berufserfahrung. Man findet schnell eine Stelle. (je …, desto)

Etwas genauer beschreiben: Relativsätze → B1+ K10 M1 / B1+ K11 M1

Nominativ	Ich kümmere mich gern um den älteren Mann, **der** in meinem Haus wohnt.
Akkusativ	Mein Nachbar, **den** ich schon lange kenne, ist immer sehr hilfsbereit.
Dativ	Viele Menschen, **denen** man begegnet, verhalten sich rücksichtslos.
Genitiv	Meine Nachbarin, **deren** Auto immer auf dem Gehweg steht, denkt nicht an andere.
mit Präposition	Mein Freund Linus, **für den** Rücksicht und Fairness sehr wichtig sind, ist super.

Form des Relativpronomens = Form des bestimmten Artikels
Ausnahmen: Dativ Plural *(denen)*, Genitiv *(dessen, deren)*

Der Kasus des Relativpronomens richtet sich nach dem Verb oder der Präposition im Relativsatz.
Genus und Numerus richten sich nach dem Bezugswort.
Im Genitiv richtet sich das Relativpronomen nach dem Bezugswort und hat die Bedeutung eines Possessivpronomens.

Der Relativsatz steht nah bei dem Nomen, das er beschreibt. Wenn nach dem Nomen noch ein Verb oder Verbteil steht, steht der Relativsatz meistens dahinter.
• Ich möchte in einer **Gesellschaft** leben, **die** bunt und offen ist.
• Man muss auch **Meinungen** akzeptieren, **mit denen** man vielleicht nicht einverstanden ist.

Relativsätze mit *wo / woher / wohin*, *was* und *wo(r)-* + Präposition

Man verwendet die Relativpronomen *wo / woher / wohin*, wenn man über Orte spricht.
• Ich wohne in einer Region, **wo** es in den letzten Jahren oft Überschwemmungen gab.
• Der Ort, **woher** ich komme, liegt direkt an einem Fluss.
• In Berlin, **wohin** ich nächste Woche fahre, gibt es am Freitag eine große Demo.

Das Relativpronomen *was* bezieht sich auf Pronomen wie *nichts, alles, etwas, das* oder auf einen ganzen Satz.
• Wir müssen alles, **was** möglich ist, gegen den Klimawandel tun.
• Viele junge Leute engagieren sich für den Umweltschutz, **was** ich echt super finde.

Auch nach nominalisierten Adjektiven oder Superlativen steht ein Relativsatz mit *was*.
• Das Einzige, **was** ich tun kann, ist Energie zu sparen.
• Auf Autos zu verzichten ist das Beste, **was** wir tun können.

Wenn im Relativsatz ein Verb mit Präposition steht, verwendet man *wo(r)-* + Präposition.
• Klimawandel ist etwas, **worüber** wir immer wieder diskutieren müssen.

---

102 **Mein Umfeld. Ergänzen Sie die Relativpronomen und, wenn nötig, eine Präposition.**

B1+

1. Tina ist meine Schwester, ... ich über alles sprechen kann.

2. Baris ist mein Freund, ... ich mich letztes Jahr verliebt habe.

3. Lisa ist meine beste Freundin, ... ich mindestens dreimal pro Woche treffe.

4. Nick ist mein Neffe, ... ich manchmal bei den Hausaufgaben helfe.

5. Pepo ist mein Hund, ... sich die ganze Familie kümmert.

6. Giovanni und Fabian sind Kollegen, ... ich oft nach der Arbeit ausgehe.

7. Omer ist ein alter Freund, ... Humor ich besonders mag.

8. Sarah ist eine gute Freundin, ... ich mich immer verlassen kann.

9. Rosa ist meine Cousine, ... Hilfsbereitschaft enorm ist.

10. Herr Mizrahi ist mein Nachbar, ... im Urlaub meine Katze füttert.

103 **Freundschaften. Welches Relativpronomen passt? Ergänzen Sie *was*, *wo*, *woher* oder *wohin*.**

B1+

1. Freundschaft ist das Beste, ... es gibt.

2. Die meisten meiner Freundinnen und Freunde leben noch in dem Ort, ... ich aufgewachsen bin.

3. Das, ... ich am meisten an ihnen schätze, ist ihre Zuverlässigkeit und ihr Humor.

4. Alles, ... wir zusammen unternehmen, ist lustig.

5. Bielefeld, ... mein Freund kommt und .... ich vor zwei Jahren gezogen bin,

   liegt zum Glück nur 30 Kilometer entfernt.

6. Meine Freundin Ella hat ein Ferienhaus, ... wir jedes Jahr alle zusammen fahren.

104 **Multitasking. Verbinden Sie die Sätze, indem Sie einen Relativsatz bilden, der sich auf den ersten Satz**

B1+ **bezieht.**

1. Viele Menschen machen mehrere Dinge gleichzeitig.
   Das führt oft zu Fehlern.
2. Meine Kollegin schreibt während wichtiger Gespräche
   nebenher Mails. Darüber haben sich schon viele beschwert.
3. Mein Chef ist auch immer mit mehreren Dingen beschäftigt.
   Darunter leidet seine Konzentration.
4. Ich mache auch Fehler, wenn ich unkonzentriert bin.
   Darüber ärgere ich mich dann.
5. Viele Leute telefonieren auch beim Autofahren.
   Das verursacht häufig Unfälle.
6. Durch die eigene Unachtsamkeit kann man anderen schaden.
   Daran denken manche Menschen scheinbar nicht.

1. Viele Menschen machen mehrere Dinge gleichzeitig, was oft zu Fehlern führt.

Relativsätze mit *wer*, *wen* oder *wem* → B2 K10 M1

- beschreiben eine unbestimmte Person oder Gruppe näher.
- stehen immer vor dem Hauptsatz und beginnen mit dem Relativpronomen (*wer, wen, wem*).
  Der Hauptsatz beginnt mit dem Demonstrativpronomen (*der, den, dem*).
- Der Kasus der Pronomen richtet sich nach dem Verb oder der Präposition im jeweiligen Satz.

Jemand will malen lernen.   Er sollte einen Kurs besuchen.

Wer malen lernen will,   (**der**) sollte einen Kurs besuchen.
(Nom.)   (Nom.)

Jemanden interessiert Kunst.   Er sollte öfter ins Museum gehen.

Wen Kunst interessiert,   **der** sollte öfter ins Museum gehen.
(Akk.)   (Nom.)

Jemandem gefällt moderne Kunst nicht.   Ihn kann auch kein Museumsbesuch überzeugen.

Wem moderne Kunst nicht gefällt,   **den** kann auch kein Museumsbesuch überzeugen.
(Dat.)   (Akk.)

Stehen Relativpronomen und Demonstrativpronomen im gleichen Kasus, kann das
Demonstrativpronomen entfallen.
Wer sich für Kunstgeschichte interessiert, (**der**) kann im Museum interessante Führungen besuchen.

105 **Sport. Ergänzen Sie die richtige Form von *wer* und *der*.**

B2

1. .... eine neue Sportart interessiert, ... kann sich bei Vereinen über Trainingszeiten informieren.

2. .... ein Sport gut gefällt, ... muss man nicht zum Training überreden.

3. .... regelmäßig trainieren muss, ... lernt auch, diszipliniert zu sein.

4. .... intensiv übt, ... gelingen auch schwierigere Bewegungsabläufe.

5. .... Talent hat, ... wird vom Verein besonders gefördert.

Infinitiv mit und ohne *zu* → B1+ K2 M1

Infinitiv mit *zu* nach:

1. *es ist / ich finde es* + Adjektiv:
Es ist wichtig / nötig / schön / leicht / normal / ..., ...
Ich finde es gut / schlecht / richtig / interessant / ..., ...
• Es war sehr positiv, neue Erfahrungen **zu** machen.
• Ich finde es gut, etwas Neues **zu** lernen.

2. Nomen + *haben / machen*:
die Aufgabe / Fähigkeit / Absicht / Möglichkeit / den Wunsch / Lust / Angst / ... haben – Spaß / die Erfahrung / ... machen
• Sie hatte Angst, ihren Arbeitsplatz **zu** verlieren.
• Es macht ihr Spaß, mit dem Motorrad **zu** fahren.

3. bestimmte Verben:
anfangen / aufhören / beabsichtigen / bitten / empfehlen / erlauben / sich freuen / gestatten / planen / raten / verbieten / versuchen / vorhaben / ...
• Sie hat geplant, einen eigenen Laden auf**zu**machen.
• Er hat vor, in China **zu** arbeiten.

Der Infinitiv mit *zu* steht immer am Ende des Satzes. Bei trennbaren Verben steht *zu* nach dem Präfix (ein**zu**kaufen, an**zu**rufen, ...).

Infinitiv ohne *zu* nach:

Modalverben: Ich kann an einem Intensivkurs teilnehmen.
werden (Futur): Wird dir deine Firma helfen?
würden (Konjunktiv II): Ich würde das auch machen.
lassen: Ich lasse mir ein paar Terminvorschläge machen.

Weitere Verben:
gehen: Wir gehen tanzen.
bleiben: Sie blieb im Job nicht stehen und machte Kurse.
hören: Ich höre meine Kollegin oft Chinesisch sprechen.
sehen: Ich sehe dich immer nur arbeiten.

Nach manchen Verben können Infinitive mit und ohne *zu* folgen:
lernen: Ich lerne Salsa tanzen. | Ich lerne, Salsa **zu** tanzen.
helfen: Hilfst du mir das Fest organisieren? | Hilfst du mir, das Fest **zu** organisieren?

106 **Eine Sprache lernen. Formen Sie Infinitivsätze wie im Beispiel.**

B1+

1. Es ist wichtig, dass man die unregelmäßigen Verben wiederholt.
2. Man sollte keine Angst davor haben, dass man Fehler macht.
3. Man sollte sich vornehmen, dass man täglich fünf neue Wörter lernt.
4. Es ist notwendig, dass man auch Texte in der neuen Sprache schreibt.
5. Ratsam ist außerdem, dass man regelmäßig die Grammatik übt.
6. Ebenfalls macht es Sinn, dass man die neue Sprache so viel wie möglich spricht.

1. Es ist wichtig, die unregelmäßigen Verben zu wiederholen.

107 **Lernen, lernen, lernen. Was ist korrekt? Kreuzen Sie an.**

B1+

1. Ich habe leider keine Zeit,
   - a das Buch lesen.
   - b das Buch zu lesen.
2. Es ist wichtig,
   - a neue Wörter oft wiederholen.
   - b neue Wörter oft zu wiederholen.
3. Wir werden uns zusammen
   - a auf die Prüfung vorbereiten.
   - b auf die Prüfung vorzubereiten.
4. Wir bleiben
   - a jetzt einfach hier sitzen und warten.
   - b jetzt einfach hier zu sitzen und zu warten.
5. Nächste Woche beginne ich,
   - a für den Test lernen.
   - b für den Test zu lernen.

6. Wir gehen
   - a nach dem Kurs noch Kaffee trinken.
   - b nach dem Kurs noch Kaffee zu trinken.
7. Du musst
   - a mir noch einmal die Regeln erklären.
   - b mir noch einmal die Regeln zu erklären.
8. Ich kann dir nur raten,
   - a rechtzeitig mit dem Lernen beginnen.
   - b rechtzeitig mit dem Lernen zu beginnen.
9. Macht es dir Spaß,
   - a an einem Sprachkurs teilnehmen?
   - b an einem Sprachkurs teilzunehmen?
10. Lass mich
    - a doch mal in Ruhe lernen!
    - b doch mal in Ruhe zu lernen!

Infinitivsätze mit *zu*: Gleichzeitigkeit und Vorzeitigkeit → C1 K6 M3

Konstruktionen mit Infinitiv + *zu* können dass-Sätze ersetzen, wenn das Subjekt in beiden Teilsätzen identisch ist.
Sie stehen außerdem nach unpersönlichen Ausdrücken mit *es* und nach manchen Verben und Nomen:
- **Es ist wichtig**, Vertrauen zum Arzt zu haben.
- Hast du die **Absicht**, mit der Ärztin zu sprechen?
- Ich **versuche**, jemanden in der Praxis zu erreichen.

Sind die Vorgänge in einem Infinitivsatz und im einleitenden Satz gleichzeitig, steht die Infinitivform im Präsens.
→ *zu* + Infinitiv
Liegt der Vorgang im Infinitivsatz zeitlich vor dem des Einleitungssatzes, steht die Infinitivform im Perfekt.
→ Partizip II + *zu* + *haben / sein* (Infinitiv)

Gleichzeitigkeit
- Ich **habe** keine **Angst**, zum Zahnarzt zu gehen.
- Ich **hatte** noch keine **Zeit**, gründlich untersucht zu werden.
- Ich **habe** das **Gefühl**, mit meiner Ärztin alles besprechen zu können.

Vorzeitigkeit
- Ich **bereue** es nicht, in die Praxis gegangen zu sein.
- Ich **meine**, gute Tipps bekommen zu haben.
- Ich **habe** das **Gefühl**, richtig beraten worden zu sein.

Infinitivsätze mit Vorzeitigkeit funktionieren nur mit wenigen einleitenden Verben, z. B.: sich erinnern, meinen, glauben, …

---

108 **Rückblick. Bilden Sie Infinitivsätze mit Vorzeitigkeit.**

C1

1. Malik meint, … (lernen / fürs Leben / wenig / in der Schule)
2. Linda bereut es, … (sich bewerben um / nicht / ihren Traumjob)
3. Ich bin froh, … (reisen / so oft / im letzten Jahr)
4. Ali ist stolz darauf, … (mit Bestnote / das Studium / abschließen)
5. Annabelle hat das Gefühl, … (viele Chancen / nutzen / nicht)
6. Leo bedauert es, … (seine Träume / kämpfen für / nicht stärker)

1. Maik meint, in der Schule wenig fürs Leben gelernt zu haben.

109 **Konflikt im Krankenhaus. Formen Sie die dass-Sätze in Infinitivsätze um und umgekehrt.**

C1

1. Die Patientin gab an, nach ihrem Unfall sofort in die Klinik gefahren zu sein.
2. Sie hatte Angst, dass sie eine schwere innere Verletzung hat.
3. Die Patientin beschwerte sich darüber, dass sie drei Stunden in der Notaufnahme gewartet hat.
4. Sie war außerdem der Meinung, nicht gründlich untersucht worden zu sein.
5. Der behandelnde Arzt versicherte, dass er alle notwendigen Untersuchungen durchgeführt hat.
6. Er machte auch den Vorschlag, dass man die Patientin zur Sicherheit stationär aufnimmt.
7. Die Patientin äußerte aber den Wunsch, dass sie nach Hause gehen will.
8. Der Arzt empfahl der Patientin, dass sie am nächsten Tag ihre Hausärztin aufsucht.
9. Die Patientin gibt zu, ein bisschen überreagiert zu haben.

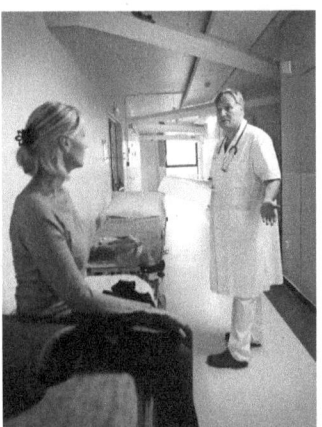

Etwas vergleichen → **B1+ K12** M1 / **B2 K8** M3

Nebensätze mit *als* und *wie*

etwas ist gleich:
(genau)so + Adjektiv in der Grundform + Nebensatz mit *wie*
· Es ist so schön, **wie** ich gedacht habe.

etwas ist nicht gleich:
Adjektiv im Komparativ / *anders* / *etwas anderes* + Nebensatz mit *als*
· Es ist schöner, **als** ich gedacht habe.
nicht + *(genau)so* + Adjektiv in der Grundform + Nebensatz mit *wie*
· Es ist nicht so schön, **wie** ich gedacht habe.

Sätze mit *je ...*, *desto / umso*
Nach *je* und *desto / umso* steht immer ein Komparativ.
Der Nebensatz beginnt mit *je* und drückt eine Bedingung aus.
Der Hauptsatz beginnt mit *desto / umso* und drückt eine Folge aus.
· **Je** länger wir uns kennen, **desto** besser verstehen wir uns.
· **Je** mehr Menschen ich hier kennenlerne, **umso** wohler fühle ich mich.

---

110 **In der Wirtschaft. Verbinden Sie die Sätze mit *je ...*, *desto*.**

B1+

1. Die Prognosen für die Wirtschaft sind positiv. Investitionen werden oft getätigt.

    Je positiver die Prognosen für die Wirtschaft sind, desto öfter werden Investitionen getätigt.

2. Eine Marke ist bekannt. Die Verkaufszahlen sind gut.

3. Eine Werbestrategie ist ausgefallen. Viele Leute kennen das Produkt.

4. Die Produkte sind beliebt bei der Kundschaft. Die Umsatzzahlen sind hoch.

5. Ein Produkt ist hochwertig. Es hält lange.

111 **Kultur pur! Was passt? Kreuzen Sie an.**

B2

1. ● Sag mal, wie fandest du eigentlich den neuen Film von Matthias Schweighöfer? Der ist nicht so lustig, ☐ wie ☐ als in der Presse geschrieben wurde, oder?
   ○ Stimmt, aber er war auf jeden Fall besser, ☐ wie ☐ als ich erwartet habe.

2. ● Hast du die aktuelle Ausstellung im Stadtmuseum gesehen? Ich fand die nicht so interessant, ☐ wie ☐ als alle gesagt haben.
   ○ Echt? Da hat man doch außergewöhnlichere Bilder sehen können, ☐ wie ☐ als sonst so gezeigt werden.

3. ● Hast du eigentlich den aktuellen Krimi von Melanie Raabe schon gelesen? Der ist noch spannender, ☐ wie ☐ als ich gehofft hatte. Ich bin echt ein Riesenfan.
   ○ Ehrlich gesagt denke ich, der ist lange nicht so gut geschrieben, ☐ wie ☐ als alle behaupten.

4. ● Wollen wir heute den neuen Imbiss am Marktplatz ausprobieren?
   ○ Ich war letzte Woche schon mal dort. Das Essen ist echt viel leckerer, ☐ wie ☐ als man denkt. Aber es hat leider etwas mehr gekostet, ☐ wie ☐ als ich es gewohnt bin.

5. ● Das Schwimmbad hat heute zu. Wir müssen irgendetwas anderes machen, ☐ wie ☐ als wir geplant haben.
   ○ Dann lass uns doch ins Kino gehen. Dann ist der Nachmittag zwar nicht so aktiv, ☐ wie ☐ als ich es mir vorgestellt hatte, aber trotzdem schön.

Verhältnisse ausdrücken → **C1 K10** M3

1 je nachdem, wie / was / ob / …
· Das Honorar berechnet sich je nachdem, wie viel Text eingegeben wird.
je nach (+ Dat.)
· Das Honorar berechnet sich je nach eingegebener Textmenge.
abhängig von (+ Dat.)
· Das Honorar ist abhängig von der eingegebenen Textmenge.
in Abhängigkeit von (+ Dat.)
· Das Honorar berechnet sich in Abhängigkeit von der eingegebenen Textmenge.

2 gleichermaßen, / (genau) so, / in gleichem Maße, wie
· Gleichermaßen, wie die Daten fehlerhafter sind, werden häufiger neue Fehler abgeleitet.
Je …, desto / umso (+ Komparativ)
· Je fehlerhafter die Daten sind, desto / umso häufiger werden neue Fehler abgeleitet.
Proportional zu (+ Dat.) / Entsprechend (+ Dat.)
· Proportional zu dem Anstieg der Fehler in den Daten werden häufiger neue Fehler abgeleitet.

---

112 **Ausgaben. Was passt? Unterstreichen Sie.**

C1

1. Je nach – Proportional zur Inflation in den letzten Jahren sind die durchschnittlichen Lebenshaltungskosten spürbar gestiegen.
2. Gleichermaßen, wie die – In Abhängigkeit von den Preise für Rohstoffe steigen, werden viele Produkte in der Herstellung teurer.
3. Im gleichen Maße wie – In Abhängigkeit von den eigenen Bedürfnissen kann man sicherlich an der einen oder anderen Stelle Geld einsparen.
4. Je nach – Je nachdem, wo man lebt, sind aber auch die Mieten sehr hoch.
5. Gleichermaßen wie – Je nach Gehalt geben aber immer noch viele Menschen viel Geld für Freizeit und Reisen aus.

Irreale Vergleiche mit *als ob*, *als wenn* und *als* → B2 K4 M1

Mit *als ob*, *als wenn* und *als* kann man etwas ausdrücken, was in Wirklichkeit nicht so ist. Das Verb steht im Konjunktiv II.

In Sätzen mit *als ob* und *als wenn* steht das konjugierte Verb am Ende.
- Manchmal hört es sich so an, **als ob** der Kollege direkt auf der Baustelle **sitzen würde**.
- Ein Kollege sieht oft so aus, **als wenn** er **schlafen würde**.

In Sätzen mit *als* steht das konjugierte Verb direkt nach *als*.
- Mein Kollege verhält sich manchmal so, **als wüsste** er alles.

Irreale Vergleichssätze stehen meistens nach Verben der persönlichen Wahrnehmung oder des persönlichen Befindens:
Es hört sich so an, … • Er/Sie sieht (so) aus, … • Er/Sie verhält sich so, … •
Ich habe das Gefühl, … • Es kommt mir so vor, …

---

113 **Welche Sätze passen zusammen? Ordnen Sie zu.**

B2

A als ob ich krank werden würde. • B als wollte sie kündigen. • C als wenn irgendetwas Schlimmes passiert wäre. • D als hätte sie viel bessere Ideen. • E als hätte ich diesen Film schon mal gesehen. • F als ob du müde wärst?

1. ● Ich kann dir leider nicht helfen. Ich bin so kaputt.   ○ Ist das wirklich so oder tust du nur so, ...

2. ● Mira hat schon wieder alles an der Präsentation geändert.   ○ Ich weiß. Sie verhält sich immer so, ...

3. ● Jaro sieht so aus, ...   ○ Ich glaube, er hat nur schlechte Laune.

4. ● Es kommt mir so vor, ...   ○ Das kann nicht sein! Der ist ganz neu!

5. ● Hast du gehört, was Emilia gesagt hat? Es hat sich so angehört, ...   ○ Ja, sie hat sich schon woanders beworben.

6. ● Ich habe das Gefühl, ...   ○ Dann geh doch lieber nach Hause und leg dich ins Bett.

114 **Die Leute in meinem Haus. Formulieren Sie irreale Vergleichssätze im Konjunktiv II.**

B2

1. Frau Mayr telefoniert immer so laut auf dem Balkon, *als würde sie allein in der Straße wohnen.* ....
   .... (als / wohnen / allein in der Straße)

2. Herr Schnürlein kontrolliert immer alles, ...
   .... (als wenn / ihm / das Haus / gehören)

3. Die Leute in der WG machen die Musik immer so laut, ...
   .... (als ob / sie / schwerhörig sein)

4. Das Baby von Familie Kolinsky weint, ...
   .... (als ob / es / immer / Hunger haben)

5. Bei Hugo Walter ist immer alles dunkel, ...
   .... (als / er / nie / zu Hause sein)

6. Uma Devi stellt ihr Rad immer so vor die Haustür, ...
   .... (als wenn / dort / niemand / rein- und rausgehen müssen)

7. Der Hausmeister pfeift immer so laut im Hof, ...
   .... (als / ihn / niemand / hören)

Textzusammenhänge herstellen → B2 K2 M1

Man kann einen Text abwechslungsreicher aufbauen, kürzer formulieren und Wiederholungen vermeiden, wenn Sätze, Abschnitte und Informationen miteinander verbunden werden.

Pronomen	
· Computer arbeiten sehr effektiv und **sie** werden immer klüger.	Personalpronomen: er, es, sie, ihr, wir, …
· Es gibt keine Firma, **die** ohne Computer oder Maschinen arbeitet.	Relativpronomen: der, das, die, denen, …
· Bei der Jobsuche muss man überlegen, **wofür** man sich wirklich interessiert.	*was, wo(r)* + Präposition: worüber, woran, worauf, wofür, …
· Alle Mitarbeiter arbeiten mit Computern und **niemand** kann auf sie verzichten.	Indefinitpronomen: man, niemand, jemand, …
Pronomen oder Artikel	
· Computer arbeiten sehr effektiv und **ihre** Leistung nimmt immer weiter zu.	possessiv: sein, seine, ihr, ihre, …
· Berufe verschwinden, weil **diese** digitalisiert werden. **Solche** Jobs haben kaum Zukunftschancen.	demonstrativ: dieser, dieses, diese, … / der, das, die, … / solche (Pl.), …
· Wer einen neuen Beruf sucht, sollte sich informieren, **welcher** in Zukunft noch gefragt ist.	interrogativ: welcher, welches, welche, …
Präpositionaladverbien	
· Viele Jobs verschwinden. **Dafür** ist oft der digitale Wandel verantwortlich.	darüber, daran, dafür, darauf, dabei, …
Konnektoren	
weil, denn, deshalb; wenn, falls; bevor, nachdem; zwar …, aber, nicht nur …, sondern auch; trotzdem, obwohl, …	

115 **Traumberuf Wildnispädagoge. Verbinden Sie die Sätze wie angegeben.**

B2
1. Die meisten Menschen verbringen ihre Arbeit sitzend in Büros. Das ist nicht gesund. (was + Nebensatz)
2. Viele Menschen sehnen sich nach einem Job. Sie können bei dem Job auch in der Natur sein. (Relativsatz)
3. Es gibt einige Ausbildungsberufe. Es gibt viele Weiterbildungsoptionen für Menschen, die ihr Arbeitsleben nicht in geschlossenen Räumen verbringen möchten. (nicht nur …, sondern auch)
4. Als Wildnispädagoge arbeite ich zum Beispiel in einem Nationalpark. Ich führe im Nationalpark Kurse für Kinder und Erwachsene durch. (und – dort)
5. Im deutschsprachigen Raum gibt es einige freie Natur- und Wildnisschulen. Man kann dort eine Weiterbildung in Wildnispädagogik absolvieren. (wo + Nebensatz)
6. Als Wildnispädagoge kann ich freiberuflich arbeiten. Ich kann auch eine Festanstellung bei Nationalparks oder Umweltprojekten finden. (sowohl … als auch)

116 Welterbe. Welches Wort passt in den Textzusammenhang? Kreuzen Sie an.

B2

Weltkulturerbe Bergpark Wilhelmshöhe

Der Bergpark Wilhelmshöhe in Kassel gilt als barockes Gesamtkunstwerk, **-1-** unterschiedliche Strömungen der Gartenarchitektur, der Kunstgeschichte und Technikgeschichte zu finden sind. Neben **-2-** einzigartigen Baum- und Pflanzenreichtum ist er für zahlreiche Sehenswürdigkeiten berühmt. Zu **-3-** gehören zum Beispiel die Löwenburg und das Ballhaus. Das Highlight für die meisten Besucher und Besucherinnen sind aber sicherlich die Wasserspiele.

Die Anlage wurde im Juni 2013 in die Welterbeliste aufgenommen, **-4-** die Bevölkerung von Kassel sehr stolz ist. Als einzigartig wurden mit der Aufnahme die berühmte Herkulesstatue und die Wasserspiele gewürdigt.

Der Landgraf Karl von Hessen-Kassel hatte vor einigen hundert Jahren die Idee zu dem Bergpark. **-5-** sollte die Stellung der Kasseler Fürsten gegenüber anderen Herrscherhäusern in Europa gestärkt werden. **-6-** die ersten Arbeiten am Park 1696 begonnen hatten, baute der italienische Baumeister Giovanni Francesco Guerniero 1701 weite Teile der weltberühmten Wasserspiele. 1717 wurden die Arbeiten mit der imposanten Herkulesstatue, **-7-** zwischen 1713 und 1717 vom Augsburger Goldschmied Johann Jakob Anthoni geschaffen worden war, abgeschlossen. **-8-** galt damals als die technisch und künstlerisch anspruchsvollste Großskulptur der Welt. Die Statue, die auf einem rund 70 Meter hohen Sockel steht, sollte die positiven Eigenschaften des Landgrafen symbolisieren: **-9-** gehören Gerechtigkeit und Weisheit, **-10-** die Statue war auch als Machtsymbol zu verstehen. Am Fuß des Herkules findet man das monumentale Wassertheater, **-11-** bis heute einmalig ist.

Einen Besuch wert ist auch das Schloss Wilhelmshöhe, **-12-** es einige berühmte Sammlungen von Gemälden zu bewundern gibt. **-13-** der Park so viel bietet, besuchen **-14-** jedes Jahr mehrere Hunderttausend Menschen. Damit jeder in den Genuss des Parks kommen kann, ist der Besuch kostenlos. Für das Schloss muss allerdings Eintritt gezahlt werden. **-15-** die wichtigsten Stationen auch vom Bergparkbus angefahren werden, ist ein Besuch des Parks zu Fuß am meisten zu empfehlen. Die berühmten Wasserspiele können von Mai bis Oktober jeden Mittwoch, Sonntag und Feiertag bewundert werden.

1.	4.	7.	10.	13.
a der	a da	a das	a aber	a Denn
b in dem	b darauf	b der	b denn	b Deshalb
c in den	c worauf	c die	c oder	c Weil

2.	5.	8.	11.	14.
a diesem	a Dadurch	a Es	a das	a er
b solchem	b Daran	b Er	b der	b ihn
c seinem	c Deshalb	c Sie	c dieses	c sie

3.	6.	9.	12.	15.
a die	a Bevor	a Damit	a wo	a Obwohl
b diesen	b Nachdem	b Daran	b woher	b Trotzdem
c welchen	c Wenn	c Dazu	c wohin	c Weil

Besonderheiten der Satzstellung: Infinitiv und Partizip II auf Position 1 → C1 K11 M1

In Sätzen mit Satzklammer steht das Verb im Infinitiv oder Partizip II am Ende des Satzes. Wenn man die Bedeutung des Verbs hervorheben möchte, stellt man es auf Position 1. Dort kann es auch mit einer Ergänzung, einer Angabe, Gradpartikeln oder Adverbien stehen.

· Ich durfte nur für eine bestimmte Zeit sitzen.
→ **Sitzen** durfte ich nur für eine bestimmte Zeit.

· Ich habe mich aus wissenschaftlichem Interesse bei der Studie beworben.
→ **Beworben** habe ich mich bei der Studie aus wissenschaftlichem Interesse.
→ Bei der Studie **beworben** habe ich mich aus wissenschaftlichem Interesse.

Das Verb im Infinitiv oder Partizip II, das normalerweise am Ende der Satzklammer steht, nimmt zusammen mit der Ergänzung die Position 1 ein, das konjugierte Verb folgt auf Position 2.

Wenn das Verb an Position 1 steht, grenzt man die Handlung damit oft von etwas anderem ab. Daher ergänzt man die Aussagen häufig mit *(schon / zwar,) aber* oder *sondern*.
· Nach Hamburg fahren möchte ich **schon**, **aber** nur mit dem Zug.
· Nach Hamburg fahren möchte ich nicht, **sondern** fliegen.

---

117 **So viele Fragen. Schreiben Sie die Antworten und stellen Sie Infinitiv oder Partizip II auf Position 1.**

C1   1. ● Willst du heute Abend auch mitkommen?

  ○ *Mitkommen will ich schon* ...., aber leider habe ich schon was vor.

  2. ● Konntest du eigentlich bei der Veranstaltung fotografieren?

  ○ ...., aber leider sind die Fotos nicht gut geworden.

  3. ● Hast du das neue Buch von Daniel Kehlmann gelesen?

  ○ ...., aber so richtig verstanden habe ich es nicht.

  4. ● Wann wollt ihr denn heiraten?

  ○ .... nicht, sondern erst mal ziehen wir zusammen.

  5. ● Und wann wird das Fest beginnen?

  ○ .... um 20 Uhr, aber du kannst gern schon früher kommen.

Besonderheiten der Satzstellung: Ausklammerungen → C1 K12 M3

Manche Satzglieder können in der gesprochenen Sprache auch hinter der Satzklammer stehen.
Vergleiche mit *als* und *wie*:
· Ich bin gerannt **wie eine Verrückte**.
· Meine Freundin hat eine schlechtere Note in der Prüfung bekommen **als ich**.

Angaben und Präpositionalergänzungen:
· Das ist mir dann eingefallen **früh morgens um 6**.
· Er kam mit **zu der Party**.
· Sie hatte mir geholfen **bei der Vorbereitung**.

118 **Kurze Gespräche. Formulieren Sie so, dass ein Satzglied hinter der Satzklammer steht.**

C1 1. ● Wo warst du denn? Ich warte schon ewig!

○ ....

....

(angekommen / hier / um Punkt halb drei / ich / bin)

2. ● Das schmeckt aber gut! ....

....

(kochen / kannst / als ich / du / viel besser / wirklich)

○ Oh, danke! Das freut mich.

3. ● ....

(eine Mail / vom Betriebsrat / habe / bekommen / ich / gestern)

○ Ah ja, die habe ich auch bekommen.

4. ● Hast du eigentlich wieder im Drogeriemarkt gejobbt?

○ Klar! ....

(mehr / diese Woche / ich / habe / als letzte Woche / sogar / verdient)

5. ● .... ?

(zum Sommerfest / du / kommst / mit / eigentlich)

○ Ich würde gerne, aber ich habe leider keine Zeit.

6. ● Und wie geht's dir?

○ Wunderbar! ....
(habe / wie ein Baby / geschlafen / ich)

7. ● Kommt Marius eigentlich zu der Veranstaltung?

○ Leider nein. ....
(er / abgesagt / ganz kurzfristig / hat)

8. ● Kannst du vielleicht noch mal mit Frau Diaz sprechen? ....

(du / kannst / einfach / besser / als jeder andere hier / verhandeln)

○ Ja, mach ich!

LÖSUNGEN

1 (1) ein, (2) das, (3) die, (4) dem, (5) Die, (6) einen, (7) Der, (8) die, (9) die, (10) die, (11) den, (12) die, (13) Der, (14) das, (15) die, (16) die, (17) das, (18) den, (19) das, (20) dem, (21) der, (22) den, (23) einen, (24) einen, (25) die, (26) dem, (27) einen, (28) die, (29) dem, (30) einem

2 2. Ich habe sie ihm schon gezeigt. 3. Ich habe ihn dir schon erklärt. 4. Ich habe sie ihnen schon erzählt. 5. Ich habe sie ihr schon gegeben.

3 1. anfängt, 2. Hol … ab; fahre … vorbei, 3. zu verkaufen; nehme … mit, 4. Entscheide; gefallen. 5. kommt … an; loszufahren

4 2. Ich habe Druckerpatronen bestellt. 3. Ich habe im Supermarkt eingekauft. 4. Ich habe die alten Kartons zerrissen. 5. Ich habe Oma angerufen. 6. Ich habe den Plastikmüll entsorgt. 7. Ich habe die Glasflaschen weggebracht. 8. Ich habe den Text für die Uni verbessert.

5 1. Das Land durchlebt gerade eine Wirtschaftskrise. 2. Die schlechten Verkaufszahlen spiegeln die Wirtschaftskrise wider. 3. Unsere Firma führt deshalb eine Umstrukturierung durch. 4. Wir bauen die ganze Firmenstruktur um. 5. Die Chefin unterschreibt einige Kündigungen. 6. Durch den Stress gehen die Bedürfnisse der Mitarbeitenden unter. 7. Die Firma wiederholt solche Umstrukturierungen regelmäßig.

6 1. dich, 2. dir, 3. dir, 4. dich, 5. dich, 6. dir, 7. mir

7 (1) uns, (2) uns, (3) mich, (4) sich, (5) uns, (6) uns, (7) uns, (8) sich, (9) uns, (10) mir, (11) uns, (12) mich, (13) mir

8 1b, 2a, 3b, 4b, 5a, 6a, 7c, 8b, 9c, 10b, 11a, 12b, 13a, 14a, 15b

9 2. Worüber? 3. Woran? 4. Mit wem? 5. Wofür? 6. Von wem? 7. Wovon?

10 (1) hast gefunden, (2) bist gekommen, (3) habe studiert, (4) habe erfahren, (5) habe informiert, (6) hat geklungen, (7) habe entschlossen, (8) habe beworben, (9) hast vorbereitet, (10) habe versucht, (11) Hat geholfen, (12) haben gestanden, (13) bin umgezogen, (14) habe kennengelernt

11 Katja Huber kam 1999 in Garmisch zur Welt. Bereits im Alter von drei Jahren stand sie zum ersten Mal auf Skiern. Mit fünf Jahren fuhr sie ihre ersten Rennen. Mit zehn Jahren ging sie in ein auf Wintersport spezialisiertes Internat. Am Vormittag lernte sie in der Schule und am Nachmittag trainierte sie mehrere Stunden. Im Lauf der nächsten Jahre gewann sie viele wichtige Rennen und Meisterschaften. Mit 19 Jahren machte sie ihr Abitur und danach konzentrierte sie sich komplett auf den Sport. 2018 bereitete sie sich auf die Olympischen Winterspiele vor, aber dabei verletzte sie sich schwer am Knie und nahm dann leider nicht daran teil. Nach einigen Operationen entschied sie sich, den professionellen Skisport aufzugeben.

12 1. Es klingelte an der Tür, nachdem Pietro gerade aufgestanden war. 2. Der Postbote brachte einen Brief, auf den er schon lange gewartet hatte. 3. Er hatte sich auf eine interessante Stelle in Berlin beworben und das musste der Arbeitsvertrag sein. 4. Er wollte wieder in der Stadt leben, wo er studiert hatte. 5. Nachdem er sich angezogen hatte, rief er seine Familie an. 6. Alle freuten sich für ihn, obwohl er niemandem etwas gesagt hatte.

13 (1) wurde, (2) zeigte, (3) besuchte, (4) bekam, (5) begann, (6) studiert hatte, (7) bewarb, (8) schloss … ab, (9) promovierte, (10) habe … erfüllt, (11) habe … genossen, (12) bin … gereist, (13) kehrte … zurück, (14) machte, (15) bestanden hatte, (16) fühlte, (17) beschloss, (18) habe … eröffnet, (19) war

14 Annalena: Ich werde einen interessanten Job finden. Ich werde mir einen Hund anschaffen.
Basir: Ich werde in eine andere Stadt umziehen. Ich werde eine Ausbildung machen. Ich werde eine neue Sprache lernen.
Luca und Elisa: Wir werden viel Zeit miteinander verbringen. Wir werden eine größere Wohnung suchen. Wir werden heiraten.

15 2. werden eingeschlafen sein, 3. wirst geschrieben haben, 4. wird zerfallen sein, 5. werden gekocht haben, 6. wirst verlassen haben

16 (1) muss, (2) kann/darf, (3) will, (4) dürfen, (5) darf/kann, (6) will, (7) soll, (8) muss

17 2. Alle Teilnehmenden sind verpflichtet, regelmäßig die Hausaufgaben zu machen. 3. Teilen Sie uns frühzeitig mit, wenn Sie beabsichtigen, am Kursende eine Prüfung zu absolvieren. 4. Wenn Sie den Wunsch haben, mit einem/einer Tandem-Partner/in zu üben, hilft Ihnen unser Büro gern weiter. 5. Wenn Sie aus Krankheits- oder anderen Gründen nicht in der Lage sind, zum Kurs zu kommen, geben Sie bitte im Büro Bescheid. 6. Im gesamten Gebäude ist es nicht gestattet zu rauchen.

18 1A, 2B, 3B, 4A, 5B, 6B, 7A

19 1. Stress lässt sich nicht immer vermeiden. 2. Die gesundheitlichen Folgen sind allerdings nicht zu missachten. 3. Dazu braucht man sich bloß die Burnout-Zahlen anzusehen. 4. Auch Unternehmen haben darauf zu achten, dass der Stress für die Mitarbeitenden nicht überhandnimmt. 5. Sensible Arbeitgeber wissen gesundheitliche Arbeitsbedingungen einzudämmen.

20 2. Herr Kengler wird im Stau stehen. 3. Herr Kaya und Frau Moithan werden einen Kaffee trinken / miteinander sprechen. 4. Frau Bilimann wird eine Präsentation halten / in einem Meeting sein. 5. Herr Liebert wird etwas kopieren / am Kopierer sein.

21 2. wird angekommen sein, 3. wird vergessen haben, 4. wird gehandelt haben, 5. werden gefunden haben

22 2. Das dürfte eher schwierig werden. 3. Er muss den Zug verpasst haben. 4. Diese Entscheidung könnte/kann ein Fehler sein. 5. Oh, da dürfte sich jemand verrechnet haben.

23 1. soll, 2. will, 3. soll, 4. soll, 5. soll; sollen, 6. will, 7. sollen

24 1. will geschrieben haben, 2. soll abgeschrieben haben, 3. soll kopiert haben, 4. will eingeleitet haben, 5. soll gekündigt haben, 6. will bekommen haben

25 1. Er würde jetzt gern mit seiner Freundin/Frau telefonieren/sprechen. 2. Er würde jetzt gern einen Film/eine Serie sehen/fernsehen. 3. Er wäre jetzt gern am Strand/im Urlaub. 4. Er würde jetzt gern Rad fahren/eine Radtour machen. 5. Er wäre jetzt gern im Restaurant./Er würde jetzt gern im Restaurant essen.

26 1. würde; könnte, 2. bräuchte, 3. solltest/müsstest, 4. wüsste, 5. wäre, 6. müsste/sollte

27 2. Wenn mein Akku nicht leer gewesen wäre, hätte ich dir eine Nachricht geschickt. 3. Wenn ich nicht im Stau gestanden hätte, wäre ich nicht zu spät/pünktlich gekommen. 4. Wenn ich meinen Geldbeutel nicht vergessen hätte, hätte ich eingekauft. 5. Wenn ich nicht so lange gearbeitet hätte, hätte ich früher nach Hause gehen können.

28 2. Der Garten ist so zugewachsen, als hätte sich lange niemand darum gekümmert. 3. Das Dach wirkt so, als wenn es dringend repariert werden müsste. 4. Der Zaun sieht so aus, als ob ihn jemand mit Absicht zerstört hätte. 5. Die Fenster sind so schmutzig, als wenn sie noch nie geputzt worden wären. 6. Es scheint so, als hätte schon lange niemand mehr dieses Haus betreten.

29 2. Aber sie hätte überarbeitet werden müssen. 3. Aber er hätte abgesagt werden müssen. 4. Aber sie hätten verschickt werden müssen. 5. Aber sie hätte vorbereitet werden müssen. 6. Aber sie hätten ausgedruckt werden müssen.

30 (1) sei, (2) wolle, (3) könne, (4) müssten, (5) sei, (6) vorstelle, (7) könnten, (8) habe, (9) wolle, (10) habe, (11) hätten, (12) sollten, (13) wüssten/wissen würden, (14) sollten, (15) sei, (16) gewinne

31 1. Einem renommierten Psychologen zufolge bedeutet ständige Erreichbarkeit für viele Menschen Stress. 2. Eine Jugendliche meint, sie verstehe die Diskussion nicht. Natürlich müsse man immer erreichbar sein. 3. Wie ein gestresster Manager betont, wird in seinem Beruf erwartet, dass er auch im Urlaub erreichbar ist. 4. Laut der Vorsitzenden eines großen Unternehmens ist es wichtig, dass die Angestellten am Wochenende wirklich von der Arbeit abschalten. 5. Für die Gesundheit sind Zeiten der Ruhe und Erholung wichtig, so eine besorgte Ärztin./Für die Gesundheit sind, so eine besorgte Ärztin, Zeiten der Ruhe und Erholung wichtig. 6. Nach einem Bericht in der Zeitung nimmt die Zahl der Krankmeldungen aufgrund der ständigen Erreichbarkeit in allen Brachen stetig zu.

32 2. Die Radwege werden nächstes Jahr ausgebaut. 3. Das Straßenbahnnetz ist 2022 verbessert worden. 4. Das Trinkwasser wird jedes Jahr getestet. 5. Die Umwelt-Workshops wurden vom Umweltzentrum konzipiert. 6. Die Solaranlagen sind vor zwei Jahren aufgestellt worden.

33 Am Dienstag müssen frische Blumen bestellt werden. Am Mittwoch muss das aktuelle Programm online gestellt werden. Am Donnerstag muss die Mitgliederliste aktualisiert werden. Am Freitag müssen alle Mitglieder zur Café-Eröffnung eingeladen werden. Am Samstag müssen die Blumen gepflanzt werden. Am Sonntag muss das neue Café eröffnet werden.

34 1. Viele Streitsituationen im Büro lassen sich vermeiden. 2. Manche Äußerungen sind leicht missverständlich. 3. Mit einem offenen Gespräch sind viele Konflikte schnell zu beseitigen. 4. Natürlich sind nicht alle Probleme sofort lösbar. 5. Bestimmte Gesprächsregeln sind auch in heftigen Diskussionen zu beachten. 6. Doch man kann nicht alle Gesprächsregeln immer umsetzen.

35 2. Sie hat erklärt, dass die Abteilung hat vergrößert werden müssen. 3. Sie berichtete, dass neue Kunden gewonnen werden konnten. 4. Sie bedauerte, dass einige Verträge nicht haben verlängert werden können. 5. Sie mahnte, dass viele Projekte schneller hätten abgeschlossen werden müssen.

36 2. Über neue Strategien wird nachgedacht. 3. Lieferanten werden kontaktiert. 4. Mit anderen Firmen wird verhandelt. 5. An Projekten wird gearbeitet. 6. Probleme werden besprochen.

37 2. Die Plakate sind schon aufgehängt. 3. Die Getränke sind schon gekauft. 4. Die Gästeliste ist schon geschrieben. 5. Die Räume sind schon dekoriert. 6. Die Playlist ist schon erstellt. 7. Die Bühne ist schon aufgebaut.

38 1. spielen, 2. ziehen, 3. leisten, 4. stellen, 5. nehmen, 6. tragen, 7. bringen, 8. bewahren, 9. üben, 10. stehen, 11. machen, 12. erteilen

39 1. gebe, 2. bringen, 3. geht, 4. aufbringen, 5. nehmen, 6. nehme, 7. geführt, 8. wecken

40 (1) die Wahl haben, (2) die Absicht hat, (3) zur Auswahl stehen, (4) mit einem Tutor oder einer Tutorin in Kontakt treten, (5) Es steht außer Frage/Außer Frage steht, (6) den Entschluss fasst

41 1. gekommen, 2. bringen, 3. bringen, 4. finden, 5. steht, 6. versetzt

42 -(¨): das Fenster – die Fenster, der Computer – die Computer, das Brötchen – die Brötchen, der Kuchen – die Kuchen, der Vogel – die Vögel, der Kugelschreiber – die Kugelschreiber
-(e)n: der Name – die Namen, der Nachbar – die Nachbarn, die Zeitung – die Zeitungen, der Motor – die Motoren, die Tasche – die Taschen, die Brille – die Brillen, die Vorbereitung – die Vorbereitungen
-(¨)e: der Tag – die Tage, der Stuhl – die Stühle, der Freund – die Freunde

-(")er: das Rad – die Räder, das Kind – die Kinder,
das Bad – die Bäder
-s: das Hotel – die Hotels, das Kino – die Kinos,
die Band – die Bands, die AG – die AGs,
das Büro – die Büros

43 (1) Wochen, (2) Prüfungen, (3) Bücher, (4) Noten,
(5) Freunden, (6) Tage, (7) Geschäfte, (8) Läden,
(9) Restaurants, (10) Cafés, (11) Gerichte, (12) Fotos,
(13) Filme, (14) Rädern, (15) Sachen

44 1. Kunden, 2. Namen; Kunden, 3. Experten, 4. Löwen,
5. Mensch, 6. Bauern, 6. Tourist, 7. Piloten

45 1. Praktikanten, 2. Kunde, 3. Automaten,
4. Lieferanten, 5. Boten, 6. Kollege

46 2. der Wunsch ihres Kunden, 3. der Auftrag eines
Unternehmens, 4. das Gehalt der Angestellten,
5. die Sprechstunde seiner Professorin, 6. die Öffnungszeiten der Geschäfte, 7. die Bekanntgabe des Ergeb-
nisses, 8. das Projekt von Kollegen, 9. der Umbau
unserer Werkstatt, 10. die Renovierung des Gebäudes

47 1. gewählte, 2. alte, 3. alte; neuen, 4. umweltfreundlichen, 5. aktuelle; junge; alte, 6. bestehenden,
7. schöner; großen, 8. angelegten; großer; kleine;
große, 9. neue, 10. modernen, 11. Breite; neuer;
naher, 12. bevorstehenden

48 (1) kleine, (2) alltägliche, (3) bekannte, (4) bestimmter,
(5) frühen, (6) langen, (7) stressigen, (8) ruhige,
(9) interessanten, (10) koffeinhaltige, (11) fetten,
(12) optimale, (13) kalten, (14) starke, (15) Einfache,
(16) belastenden, (17) heiße, (18) frischem,
(19) gekochte, (20) allgemeinen, (21) warmes,
(22) unangenehmen, (23) erhöhte, (24) geschwächtes,
(25) vitaminreiches, (26) starke, (27) frische,
(28) stilles, (29) schöne, (30) alten, (31) neuen

49 1. neue; internationale, 2. gute, 3. vegetarische,
4. interessanten, 5. gut sortierten; benötigten, 6. kleine

50 1. spannendste; interessanter, 2. besser; coolste,
3. öfter; mehr; gemütlichste, 4. tollste; teuerste;
billigere, 5. lieber; weniger; gesünder, 6. nettesten;
sympathischer, 7. wärmer; dünnere; günstigste,
8. zweitälteste

51 1. fliegende; kochenden; zubereitete; gebackener,
2. putzenden; aufgeräumte, anstrengenden;
3. blühenden; zerstörten, 4. hergestellte

52 2. das jetzt mit modernsten Geräten ausgestattete
Labor, 3. die bereits im Jahr 1475 gegründete
Universität, 4. das erst kürzlich modernisierte
Wohnheim, 5. die letzten Monat in einer Fachzeitschrift veröffentlichte Studie, 6. die intensiv an einem
Forschungsprojekt arbeitenden Studierenden,
7. das trotz des Regens von vielen Menschen
besuchte Sommerfest, 8. die gerade in Saal A.21
stattfindende Vorlesung

53 2. die nicht zu öffnende Datei, 3. eine zu program-
mierende Webseite, 4. nicht zu löschende Fotos,
5. ein nicht abzuschätzender Schaden, 6. ein nur
schwer zu behebender Fehler, 7. ein zu ersetzendes
Gerät, 8. das neu zu installierende Programm

54 (1) Irgendwo, (2) irgendwohin, (3) irgendetwas/
etwas, (4) eins, (5) etwas, (6) keins, (7) irgendwann,
(8) keiner/niemand, (9) einem, (10) man, (11) einem,
(12) einen, (13) keiner/niemand, (14) nirgendwo/
nirgends, (15) irgendetwas/etwas, (16) irgendwohin

55 Zeile 2: Doch statt es sich …
Zeile 4: Dabei ist es auch
Zeile 5: …, dass es ab und zu …
Zeile 7: … es darauf an, …
Zeile 8: Oft fehlt es einfach an …
Zeile 9: …, dass es normalerweise gar …
Zeile 11: …, aber es bringt einen … Meistens ist es …
Zeile 13: Auch wenn es der oder die Vorgesetzte … /
Auch wenn der oder die Vorgesetzte es wieder …

56 1. Schon wieder regnet es den ganzen Tag.
2. Dass wir unseren Ausflug noch einmal verschieben
müssen, ist nicht schön. 3. Eine Radtour zu machen,
ist bei diesem Wetter nicht möglich. 4. Vielleicht
schneit es sogar. 5. Dass wir zu Hause bleiben
müssen, finde ich wirklich ärgerlich. 6. Ob wir
die Radtour dann nächstes Wochenende machen
können, ist auch nicht klar.

57 1. außerhalb, 2. An; um … herum, 3. im, 4. von … bis,
5. Vor, 6. während; vor, 7. für, 8. seit, 9. von … an,
10. in, 11. Zwischen; beim, 12. um, 13. nach; im

58 1a, 2b, 3b, 4a, 5a, 6b, 7a, 8b, 9a, 10b

59 1. Während der Semesterferien arbeiten viele
Studierende. 2. Trotz der großen Konkurrenz habe
ich einen gut bezahlten Job im Café gefunden.
3. Aufgrund des Jobs fahre ich nicht weg.
4. Innerhalb der eigenen Stadt kann man auch viel
unternehmen. 5. Infolge des schönen Wetters
kommen viele Gäste ins Café. 6. Außerhalb der
Saison ist weniger los.

60 1. Angesichts der, 2. Anstelle einer, 3. Mithilfe eines,
4. Ungeachtet der, 5. zugunsten einer, 6. zwecks
seiner, 7. inmitten der, 8. Anhand der

61 1F, 2D, 3H, 4A, 5J, 6G, 7B, 8E, 9I, 10C

62 (1) mit, (2) auf, (3) mit, (4) von, (5) bei, (6) zu, (7) an,
(8) für, (9) bei, (10) für, (11) für, (12) auf, (13) um,
(14) mit, (15) mit, (16) auf, (17) mit

63 1. Darauf, 2. dafür, 3. darum, 4. darauf; dafür,
5. davon; Dabei

64 1. Ja, er hat sie mir bereits letzte Woche geschickt.
2. Na, ich habe ihn mir doch schon gekauft.
3. Aber ich habe ihn dir doch schon gegeben!
4. Ich kann es Ihnen nur empfehlen, Herr Domke!;
Ah, gut, würden Sie es mir denn leihen?

65 1. Ich bin letzte Woche mit meiner Freundin Julia
nach Berlin gefahren. 2. Nach sechs Stunden sind
wir müde und erschöpft am Hauptbahnhof
angekommen. 3. Ein netter Taxifahrer hat uns dann
ins Hotel gebracht. 4. Den Rest des Nachmittags
haben wir gut gelaunt im Wellnessbereich des
Hotels verbracht. 5. Am Abend haben wir uns mit
Freunden in einem schönen Restaurant getroffen.
6. Den nächsten Tag haben wir wegen des schlechten

Wetters im Pergamonmuseum verbracht. 7. Julia hat sich schon immer leidenschaftlich für antike Kunst interessiert. 8. Danach haben wir unseren Freundinnen und Freunden ganz viele Fotos im Gruppenchat geschickt. 9. Am Samstag wollten wir unbedingt eine Stadtrundfahrt durch die Stadt machen. 10. Leider hat Julia am Nachmittag ihren Geldbeutel im Bus vergessen. 11. Sie hat sofort sehr besorgt alle Karten sperren lassen. 12. Glücklicherweise hat jemand am Abend den Geldbeutel bei der Polizei abgegeben. 13. Trotz der Aufregung war die Reise aufgrund der vielen Erlebnisse sehr schön.

66   2. Der Zug wartete natürlich <u>nicht</u> auf mich. 3. Deshalb war ich <u>nicht</u> pünktlich im Büro. 4. Meine Chefin war darüber <u>nicht</u> erfreut. 5. Noch dazu hatte ich meine Präsentation <u>nicht</u> vorbereitet. 6. Die Kollegen und Kolleginnen waren also <u>nicht</u> begeistert von meinem Vortrag. 7. Die Chefin war danach <u>nicht</u> in ihrem Büro. 8. Deswegen konnte ich <u>nicht</u> mit ihr über meine misslungene Präsentation sprechen. 9. Das Mittagessen in der Kantine hat <u>nicht</u> geschmeckt. 10. Am Nachmittag habe ich <u>nicht</u> an den Termin mit dem Marketing gedacht. 11. Zu Hause habe ich meinen Haustürschlüssel <u>nicht</u> gefunden. 12. Die Nachbarin war <u>nicht</u> zu Hause, sodass ich meinen Ersatzschlüssel <u>nicht</u> holen konnte. 13. Ich konnte mich also <u>nicht</u> auf meinem Sofa von diesem Tag erholen.

67   2. Nein, nirgends/nirgendwo. 3. Nein, noch nie. 4. Nein, noch nichts. 5. Nein, niemand. 6. Nein, nicht mehr. 7. Nein, noch nicht.

68   2. indiskret, 3. unhöflich, 4. desinteressiert, 5. humorlos, 6. missachtet, 7. koffeinfreien, 8. inhaltsleer

69   2. die mühelose Kommunikation der Kinder in zwei Sprachen, 3. ihre intuitive Erfassung der Regeln, 4. die Förderung des Spracherwerbs durch spielerische Aktivitäten, 5. die schnellere Einprägung neuer Wörter durch emotionalen Bezug, 6. die anfängliche Mischung der beiden Sprachen durch manche Kinder, 7. ihre mit der Zeit problemlose Unterscheidung zwischen den Sprachen, 8. das Angebot einiger Schulen von zweisprachigem Unterricht

70   2. ein Phänomen exakt erläutern, 3. sie entwickeln eine Lerntechnik, 4. die Eltern wählen eine geeignete Schule, 5. eine Lern-App kaufen

71   2. (sich) anpassen an, 3. sich aufregen über, 4. sich beziehen auf, 5. sich entschließen zu, 6. sich entscheiden für/gegen, 7. sich erkundigen nach, 8. sich freuen auf/über, 9. (sich) informieren über, 10. protestieren gegen, 11. verbinden mit, 12. verweisen auf

72   2. Manche Jugendliche beschäftigen sich damit, Schulprobleme zu bewältigen. – Manche Jugendliche beschäftigen sich mit der Bewältigung von Schulproblemen. 3. Erwachsene legen häufig Wert darauf, sich am Wochenende zu erholen. – Erwachsene legen oft Wert auf Erholung am Wochenende. 4. Studierende freuen sich meistens darauf, ins Berufsleben einzutreten. – Studierende freuen sich meistens auf den Eintritt ins Berufsleben. 5. Angestellte denken in stressigen Phasen manchmal darüber nach, ihren Job zu kündigen. – Angestellte denken in stressigen Phasen manchmal über eine Kündigung ihres Jobs nach.

73   2. Wenn Sie sich für unser Programm interessieren, bestellen Sie bitte unseren Newsletter. 3. Bei (der) Buchung eines Kurses über die Webseite, erhalten Sie sofort eine Anmeldebestätigung. 4. Falls Sie im Bürgerzentrum bar zahlen, erhalten Sie einen Rabatt von fünf Prozent. 5. Der Kursplatz kann nur bei rechtzeitiger Anmeldung garantiert werden. 6. Müssen Sie Ihre Anmeldung stornieren, ist dies bis zwei Wochen vor Kursstart möglich. 7. Sofern Sie die Anmeldung rechtzeitig stornieren, bekommen Sie die die komplette Kursgebühr zurück. 8. Bei Regen fallen Open-Air-Veranstaltungen aus.

74   1C verglichen mit, 2A Vom heutigen Standpunkt aus betrachtet, 3B Juristisch gesehen, 4D Auf das Jahr hochgerechnet, 5E grob geschätzt

75   1. Ich arbeite gern im Team, außer wenn die Aufgaben nicht klar definiert sind. 2. Die Zusammenarbeit macht Spaß, außer die Arbeitslast ist zu groß. 3. Nächste Woche nehmen wir an einem Teambildungsevent teil, es sei denn, das Wetter ist schlecht.

76   (1) außer, (2) außer wenn, (3) es sei denn, (4) wenn, (5) außer wenn, (6) es sei denn

77   1G, 2C, 3D, 4B, 5A, 6E, 7F

78   1. Wir hätten einen Ausflug in die Berge gemacht, wenn das Wetter besser gewesen wäre. 2. Ich wäre ins Kino gegangen, wenn ein guter Film gelaufen wäre. 3. Wir hätten ins Theater gehen können, wenn ich nicht hätte arbeiten müssen. 4. Ich hätte dich besucht, wenn mein Auto nicht kaputt gegangen wäre. 5. Du hättest mich anrufen können, wenn du dein Handy gefunden hättest. 6. Ich hätte meinem Nachbarn beim Umzug geholfen, wenn ich gefragt worden wäre.

79   1. Nachdem, 2. Als, 3. bis, 4. Bevor, 5. Als, 6. Während, 7. Nachdem, 8. bis, 9. Solange, 10. wenn, 11. Seitdem; als

80   1. Davor, 2. Währenddessen, 3. Danach, 4. Seitdem

81   2. Während deiner Vorbereitung auf das Auslandssemester, 3. Vor deiner Bewerbung bei einer Universität, 4. Nach der Klärung der Finanzierung, 5. Bis zu deiner Abreise, 6. Bei deiner Ankunft in der neuen Stadt

82   1. Als das Förderprogramm Erasmus im Jahr 1987 gegründet wurde, 2. Seit/Seitdem das Programm eingeführt wurde, 3. Während das 35-jährige Jubiläum gefeiert wurde, 4. Bevor ich an dem Programm teilgenommen habe, 5. Nachdem ich aus Italien zurückgekehrt war, 6. Bis ich mein Studium beendet habe/hatte

83 1. Dagegen, 2. Während, 3. Im Gegensatz zu,
4. sondern, 5. aber

84 (1) weil, (2) Wegen, (3) denn, (4) nämlich, (5) denn,
(6) weil

85 1. Aufgrund des zunehmenden Einsatzes von KI wird
es viele Veränderungen in der Arbeitswelt geben.
2. …, da KI viele Aufgaben übernehmen kann.
3. Aufgrund dessen werden einige Berufe komplett
wegfallen. 4. Aus diesem Grund sollte man auch die
positiven Seiten sehen. 5. Sie kann diese nämlich
schneller als Menschen erledigen.

86 1. Dank der sehr hohen Verkaufszahlen kann das
Unternehmen Mollmann satte Gewinne vorweisen.
2. Aufgrund der Einführung zahlreicher Gesundheitsprogramme in der Firma sind auch die Mitarbeitenden
zufriedener. 3. Weil sich das Betriebsklima verbessert hat, gibt es weniger Kündigungen und
Personalwechsel. 4. Wegen der Investition in Aus-
und Weiterbildung durch die Firma, können die
Mitarbeitenden ihre Fähigkeiten und Kenntnisse
kontinuierlich erweitern. 5. Die Angestellten können
ihre Tage freier gestalten, denn es wurden flexible
Arbeitszeitmodelle geschaffen.

87 1. Vor, 2. Aus, 3. aus, 4. vor, 5. vor

88 1. Ich kann mich morgens am besten konzentrieren,
deshalb gehe ich früh ins Büro. 2. Im Großraumbüro
ist es oft so laut, dass ich mich schlecht konzentrieren kann. 3. Morgens um sieben sind alle noch
zu Hause, deswegen kann ich in Ruhe arbeiten.
4. Zwischen 10 und 12 Uhr klingelt ständig das
Telefon, sodass ich nicht viel schaffe. 5. Unsere Firma
hat verschiedene Standorte, darum habe ich auch
viele Online-Besprechungen.

89 1C, 2E, 3B, 4A, 5D

90 1. Folglich stehen dem Arbeitsmarkt immer weniger
Fachkräfte zur Verfügung. 2. Andernfalls lassen sich
viele Stellen nicht besetzen. 3. Somit können
manche Aufträge gar nicht mehr angenommen
werden. 4. Sonst leidet der Wirtschaftsstandort
Deutschland langfristig.

91 1. Dieses Smartphone ist zu teuer, als dass es ein
Verkaufshit würde. 2. Der Computer ist zu alt, um
ihn verkaufen zu können. 3. Das Programm ist zu
kompliziert, als dass man sich schnell einarbeiten
könnte. 4. Das Internet ist zu unsicher, als dass man
alle persönlichen Daten öffentlich machen sollte.
5. Die Datenmenge ist zu groß, um das Video per
E-Mail versenden zu können. 6. Das WLAN ist zu
instabil, um ein Meeting abzuhalten.

92 1. Es gibt genug Angebot. Trotzdem finden viele
Jugendliche keinen Ausbildungsplatz. 2. Obwohl
mein Bruder bereits 30 Bewerbungen verschickt
hat, hat er noch keine Zusage bekommen. / Mein
Bruder hat noch keine Zusage bekommen, obwohl
er schon 30 Bewerbungen verschickt hat.
3. Mein Zeugnis war nicht gut. Trotzdem habe ich
gleich einen Ausbildungsplatz gefunden.

4. Obwohl mir die Ausbildung Spaß macht, ist es
nicht mein Traumberuf. / Es ist nicht mein Traumberuf, obwohl mir die Ausbildung Spaß macht.

93 (1) zwar …, aber, (2) Auch wenn, (3) Trotz,
(4) wobei, (5) Selbst bei, (6) dennoch

94 1. Trotz der Einführung eines breiten Sportangebots
bewegen sich die meisten Büroangestellten zu
wenig. 2. Selbst bei einer großen Arbeitslast / Selbst
bei großer Arbeitslast sollte man regelmäßige
Pausen einplanen. 3. Ungeachtet des Angebots an
gesunden Gerichten in der Kantine wählen
Angestellte immer wieder fette und ungesunde
Mahlzeiten. 4. Viele Leute klagen über Rückenschmerzen, obwohl ihre Arbeitsplätze ergonomisch
eingerichtet sind. / Obwohl ihre Arbeitsplätze
ergonomisch eingerichtet sind, klagen viele Leute
über Rückenschmerzen. 5. Einerseits ist die Wirksamkeit eines kurzen Mittagsschlafs erwiesen,
andererseits trauen sich die meisten Menschen
nicht, ein Nickerchen im Büro zu machen.

95 1a, 2a/b, 3a, 4a/b, 5a

96 1. Die Lehrkräfte erklären die Grammatik genau,
damit die Studierenden sie begreifen.
2. Die Studierenden machen die Hausaufgaben, um
die neue Grammatik zu üben. 3. Das Institut hat eine
Cafeteria, damit die Studierenden etwas essen und
trinken können. 4. Die Studierenden schreiben
Beispielsätze, um sich die Wörter besser einzuprä-
gen. 5. Die Lehrkräfte verteilen viele Arbeitsblätter,
damit die Studierenden sich gut auf die Prüfung
vorbereiten können. 6. Das Institut fragt die
Studierenden nach ihrer Meinung, um sein Angebot
weiter zu verbessern.

97 2. zum Quatschen, 3. zum Schreiben einiger Mails,
4. zum Einkaufen, 5. zum Aufwachen

98 1. Für die bessere Vorbereitung auf Tests sollte man
einen Lernplan erstellen. 2. Zur Vermeidung
unnötiger Fehler sollte man Texte immer Korrektur
lesen. 3. Zur Erweiterung des Wortschatzes sollte
man auch Filme und Serien in der Fremdsprache
sehen. 4. Für die Verbesserung von Grammatik-
kenntnissen kann man Übungen machen.
5. Zwecks Durchführung einer Prüfung müssen die
Tische und Stühle in der Sprachschule umgestellt
werden.

99 2. Dadurch, dass man die Wohnung ansprechend
dekoriert, schafft man eine schöne Atmosphäre. /
Man schafft dadurch eine schöne Atmosphäre, dass
man die Wohnung ansprechend dekoriert.
3. Man gibt der Wohnung mithilfe von Fotos und
Bildern eine persönliche Note. / Mithilfe von Fotos
und Bildern gibt man der Wohnung eine persönliche
Note. 4. Man kann die Wohnung zu etwas Besonderem machen, ohne viel Geld auszugeben. / Ohne
viel Geld auszugeben, kann man die Wohnung zu
etwas Besonderem machen. 5. Anstatt ein neues
Regal zu kaufen, kann man alte Obstkisten streichen

und stapeln. / Man kann alte Obstkisten streichen und stapeln, anstatt ein neues Regal zu kaufen. 6. Durch Blumen und Pflanzen in den Räumen gibt man der Wohnung Frische. / Man gibt der Wohnung durch Blumen und Pflanzen in den Räumen Frische. 7. Man bringt Ordnung in die Wohnung, indem man regelmäßig Unnötiges aussortiert. / Indem man regelmäßig Unnötiges aussortiert, bringt man Ordnung in die Wohnung. 8. Man kann eine Wohnung schön einrichten, ohne dass man teure Möbel kaufen muss.

100 1. Mithilfe von einem Angebot billigerer Tickets für den Nahverkehr kann man Menschen zum Verzicht auf das Auto bewegen. / Man kann mithilfe von einem Angebot billigerer Tickets für den Nahverkehr Menschen zum Verzicht auf das Auto bewegen. 2. Statt des Baus neuer Parkhäuser in der Innenstadt sollte man lieber für mehr Radwege sorgen. 3. Durch die/eine Sperrung von Straßen für Autos kann man Spielstraßen für Kinder schaffen. / Man kann durch die/eine Sperrung von Straßen für Autos Spielstraßen für Kinder schaffen. 4. Mithilfe des Einsatzes von E-Bussen wird der Umwelt weniger geschadet. / Der Umwelt wird mithilfe des Einsatzes von E-Bussen weniger geschadet. 5. Durch das Anlegen breiterer Fußwege verringert sich die Unfallgefahr für Fußgänger und Fußgängerinnen. / Die Unfallgefahr für Fußgänger und Fußgängerinnen verringert sich durch das Anlegen breiterer Fußwege. 6. Die Verkehrswende wird ohne eine stärkere Unterstützung des Staates nicht gelingen. / Ohne eine stärkere Unterstützung des Staates wird die Verkehrswende nicht gelingen.

101 1. Entweder kann man sich auf eine Stellenanzeige bewerben oder man schickt eine Initiativbewerbung. 2. Bei einer Bewerbung muss man nicht nur auf den Inhalt achten, sondern auch das äußere Erscheinungsbild ist wichtig. 3. Im Bewerbungsschreiben sollten weder Floskeln stehen noch sollte es Fehler geben. 4. Einerseits sollte man sich auf ein Vorstellungsgespräch gut vorbereiten, andererseits sollte man entspannt bleiben. 5. In einem Vorstellungsgespräch sollte man sich sowohl positiv präsentieren als auch Fragen zur Stelle stellen. 6. Bei einem Praktikum verdient man zwar nicht viel, aber man kann danach im Lebenslauf erste Berufserfahrungen angeben. 7. Je mehr Berufserfahrung man hat, desto schneller findet man eine Stelle.

102 1. mit der, 2. in den, 3. die, 4. dem, 5. um den, 6. mit denen, 7. dessen, 8. auf die, 9. deren, 10. der

103 1. was, 2. wo, 3. was, 4. was, 5. woher; wohin, 6. wohin

104 2. Meine Kollegin schreibt während wichtiger Gespräche nebenher Mails, worüber sich schon viele beschwert haben. 3. Mein Chef ist auch immer mit mehreren Dingen beschäftigt, worunter seine Konzentration leidet. 4. Ich mache auch Fehler, wenn ich unkonzentriert bin, worüber ich mich

dann ärgere. 5. Viele Leute telefonieren auch beim Autofahren, was häufig Unfälle verursacht. 6. Durch die eigene Unachtsamkeit kann man anderen schaden, woran manche Menschen scheinbar nicht denken.

105 1. Wen; der, 2. Wem; den, 3. Wer; der, 4. Wer; dem, 5. Wer; der

106 2. Man sollte keine Angst davor haben, Fehler zu machen. 3. Man sollte sich vornehmen, täglich fünf neue Wörter zu lernen. 4. Es ist notwendig, auch Texte in der neuen Sprache zu schreiben. 5. Ratsam ist außerdem, regelmäßig die Grammatik zu üben. 6. Ebenfalls macht es Sinn, die neue Sprache so viel wie möglich zu sprechen.

107 1b, 2b, 3a, 4a, 5b, 6a, 7a, 8b, 9b, 10a

108 2. Linda bereut es, sich nicht um ihren Traumjob beworben zu haben. 3. Ich bin froh, im letzten Jahr so oft gereist zu sein. 4. Ali ist stolz darauf, das Studium mit Bestnote abgeschlossen zu haben. 5. Annabelle hat das Gefühl, viele Chancen nicht genutzt zu haben. 6. Leo bedauert es, nicht stärker für seine Träume gekämpft zu haben.

109 1. Die Patientin gab an, dass sie nach ihrem Unfall sofort in die Klinik gefahren ist. 2. Sie hatte Angst, eine schwere innere Verletzung zu haben. 3. Die Patientin beschwerte sich darüber, drei Stunden in der Notaufnahme gewartet zu haben. 4. Sie war außerdem der Meinung, dass sie nicht gründlich untersucht worden ist / wurde. 5. Der behandelnde Arzt versicherte, alle notwendigen Untersuchungen durchgeführt zu haben. 6. Er machte auch den Vorschlag, die Patientin zur Sicherheit stationär aufzunehmen. 7. Die Patientin äußerte aber den Wunsch, nach Hause zu gehen. 8. Der Arzt empfahl der Patientin, am nächsten Tag ihre Hausärztin aufzusuchen. 9. Die Patientin gibt zu, dass sie ein bisschen überreagiert hat.

110 2. Je bekannter eine Marke ist, desto besser sind die Verkaufszahlen. 3. Je ausgefallener eine Werbestrategie ist, desto mehr Leute kennen das Produkt. 4. Je beliebter die Produkte bei der Kundschaft sind, desto höher sind die Umsatzzahlen. 5. Je hochwertiger ein Produkt ist, desto länger hält es.

111 1. wie; als, 2. wie; als, 3. als; wie, 4. als; als, 5. als; wie

112 1. Proportional zur, 2. Gleichermaßen, wie die, 3. In Abhängigkeit von, 4. Je nachdem, 5. Je nach

113 1F, 2D, 3C, 4E, 5B, 6A

114 2. Herr Schnürlein kontrolliert immer alles, als wenn ihm das Haus gehören würde. 3. Die Leute in der WG machen die Musik immer so laut, als ob sie schwerhörig wären. 4. Das Baby von Familie Kolinsky weint, als ob es immer Hunger hätte. 5. Bei Hugo Walter ist immer alles dunkel, als wäre er nie zu Hause. 6. Uma Devi stellt ihr Rad immer so vor die Haustür, als wenn dort niemand rein- und rausgehen müsste. 7. Der Hausmeister pfeift immer so laut im Hof, als würde ihn niemand hören.

115 1. Die meisten Menschen verbringen ihre Arbeit sitzend in Büros, was nicht gesund ist. 2. Viele Menschen sehnen sich nach einem Job, bei dem sie auch in der Natur sein können. 3. Es gibt nicht nur einige Ausbildungsberufe, sondern auch viele Weiterbildungsoptionen für Menschen, die ihr Arbeitsleben nicht in geschlossenen Räumen verbringen möchten. 4. Als Wildnispädagoge arbeite ich zum Beispiel in einem Nationalpark und führe dort Kurse für Kinder und Erwachsene durch. 5. Im deutschsprachigen Raum gibt es einige Natur- und Wildnisschulen, wo man eine Weiterbildung in Wildnispädagogik absolvieren kann. 6. Als Wildnispädagoge kann ich sowohl freiberuflich arbeiten als auch eine Festanstellung bei Nationalparks oder Umweltprojekten finden.

116 1b, 2b, 3b, 4c, 5a, 6b, 7c, 8c, 9c, 10a, 11a, 12a, 13c, 14b, 15a

117 2. Fotografieren konnte ich schon, 3. Gelesen habe ich es schon, 4. Heiraten wollen wir nicht, 5. Beginnen wird das Fest um 20 Uhr

118 1. Ich bin hier angekommen um Punkt halb drei. 2. Du kannst wirklich viel besser kochen als ich. 3. Ich habe gestern eine Mail bekommen vom Betriebsrat. / Ich habe eine Mail vom Betriebsrat bekommen gestern. 4. Diese Woche habe ich / Ich habe diese Woche sogar mehr verdient als letzte Woche. 5. Kommst du eigentlich mit zum Sommerfest? 6. Ich habe geschlafen wie ein Baby. 7. Er hat abgesagt ganz kurzfristig. 8. Du kannst einfach besser verhandeln als jeder andere hier.

QUELLEN